君は、どう生きるのか
心の持ち方で人生は変えられる

古森重隆
富士フイルムホールディングス
代表取締役会長兼CEO

三笠書房

プロローグ　人生を最高に生きるために

――あらゆる場面が自己変革の宝庫

どんなときでも、いくつになっても大切なのは、変化を恐れてはいけないということである。

自分の身や自分が勤めている会社に将来、何が起きるかは、ある程度は読めるが、本当のところは今の時点ではわからない。

特に二一世紀は、変化の幅が大きく、そのスピードも速い時代だ。富士フイルムもその変化とうねりの中に飲み込まれそうになった。

私が富士フイルムの社長に就任した二〇〇〇年以降、写真の世界にデジタル化の大波が一気に押し寄せ、売上の六割、利益の三分の二を稼ぐ主力事業であった一般写真市場、またその中のコア商品であった写真フィルムの売上が一〇年間で一〇分の一以下に激減した。まさに、本業消失の危機が富士フイルムを襲ったのである。

その中で私は、「富士フイルムを二一世紀を通じてエクセレントカンパニーとして生き残らせること」を命題に、経営改革を断行してきた。この改革は、売上や利益の面では、まだ大きな成果を得るための途上にあるが、我々のとった戦略は正しい。ライトトラックに乗っていることは間違いない。富士フイルムは、写真フィルム中心の会社から、医療器機や医薬品、化粧品などのヘルスケアや液晶用フィルム等の高機能材料など、六つの分野を中心とする多角化企業に生まれ変わったのである。私は全身全霊を込めて、この改革を実行してきたのだ。

私がこれまで生きてきた人生を振り返ると、「今を本気で生きること」「本気で仕事や課題に取り組むこと」「それらを通じて絶えず自己を磨き続けること」の連続であった。そうやって自己を高め続けていれば、たとえどのような課題や困難が目の前に現われようとも、それに正面から立ち向かいそれらに屈することなく、「己の力で道を切り拓いていくことが出来るはずだ」という事がはっきり言える。

人の生き方は色々ある。だが「人は生き方や成し遂げた成果によって自己を実現する」ということが人生の基本的命題であることは誰も反対はしないであろう。

人それぞれに人生の捉《とら》え方や感じ方がある。そしてそれに基づいての行動がその人の人生を形作る。繰り返し言うが、重要なことは、「人生を前向きに感じることが出来るか」「すべての経験から学ぼうとしているか」「それにより自己を向上させようとしているか」である。なぜならそれらにより人は成長し、力をつけ、そのパフォーマンスは迫力を増し、成果を得られるからである。

人生は旅である。いろんな経験をし、それから学び、前へ上へ進んでいく。そこから、人は充実感と、自己実現への道を実感する。

そのためには自己を鍛え上げていかねばならない。だから私は若いころから小手先のテクニックではなく、「真の実力」を身につけることを常に心がけてきた。その鍛錬の積み重ねが、経営者として、斬るか斬られるかの戦いの舞台に上がったときに活きることとなった。

「いかに人生を捉《とら》え、いかに生き、いかに働くべきか」について悩み、追求している読者は多い。私の生き方がヒントになれば、著者として無上の喜びである。

古森　重隆

目次

2章 強くあれ、そして優しくあれ

3章　一冊の本との出合いが、人生を変える

6章 課長よ、先頭に立って戦え！

7章 先を読み、決断出来る人になれ

8章

サラリーマン人生には三回のチャンスがある

9章

経営者として迎えた富士フイルム最大の危機

編集協力　長谷川敦

1章

どう働き、どう生きるか

われわれは個々が驚くべき可能性を内蔵している。
君の力と若さを信ぜよ。
たえず言い続けることを忘れるな。
「自分しだいでどうにでもなるものだ」と。

アンドレ・ジッド

自分を磨いて挑戦する。これにまさる人生の醍醐味はない

人生は、自分を磨き続ける旅である。

自分を高め、それを成果に結びつけて自己実現出来た人こそが、人生の勝者なのである。世俗的に地位が高いか低いかは問題ではない。

格好つけた言い方になるが、私は、これまで地位を求めて何かをしたことは一度もない。だいたいいつも難しい役割を与えられて悪戦苦闘しながら仕事の遂行をめざし、そして、それを通して成長し、会社の中でそれを見ていてくれる人がいて、次はこの仕事を、さらに次はこの仕事を……と任される仕事も責任も大きくなっていった。それが私のサラリーマン人生だった。

ベストを尽くせば必ず自分にかえってくる

人生の成功、不成功は何をもって基準とするかで、それぞれ違ってくる。

しかし仕事なら、どれだけ自分を燃焼し、やりがいを見つけ、成果を上げてきたかで、およその判断はつく。仕事、睡眠、プライベートと分ければ、社会人としての人生の時間の三分の一から二分の一は仕事なのだ。あだやおろそかに仕事をするわけにはいかない。

私のことに限って言えば、自己実現を仕事を通じて達成しようとしてきた。サラリーマンといえども、オーナーシップを持ってガムシャラに頑張って、「ああ、いい仕事をしてきたな」と振り返れる人生をめざしたいと私は考えてきた。オーナーシップとは、自分の会社や事業、担当している仕事を、我が事として捉《とら》える意識のことである。

そして、会社のために一途一心頑張ることで自己の力を発揮出来たし、自分の成長にもつながり、周囲はそれをちゃんと見てくれた。

「ああ、あいつは会社のためにいつも一生懸命やっている」。そういう信頼を私に寄せてくれる人がいる。その信頼に私も応えていく。「情けは人のためならず」と言うが、会社のためにベストを尽くせば、必ず自分にかえってくる。もっとも私は必ずしも会社が応えてくれるであろうから頑張ってきたわけではない。自分の人生の中で努力すべきもののひとつであるからそうしてきた。

数々の上司との衝突も辞さなかった私が社長になったのは、私がいつも会社のことを思って仕事をしていることを、みんなが認めてくれたからだと思う。

もちろん社長になる、ならないが人生で重要なのではない。自分の思う通りの人生を生きたかどうか、自己実現出来たかどうかこそが重要なのである。

どう生きるか、どう働くか

誰のものでもない自分の人生。
「今」を存分に生きろ。

もしつまらなくても、ひたむきに働いてみる

「人は何のために働くのか」

そういう疑問を抱きながら、働いている人も多いだろう。

人は何のために働くのかというと、第一義には、生きるためである。

これは人間を含めたすべての生き物に言えることで、植物は生きるために太陽に向かって伸びていくし、肉食動物は生きるために獲物を獲る。そして人は生きるために働く。単純なことである。

ただし一方で、人は、特に社会的な関わりの中で生きている。それぞれが己に与えられた役割をまっとうすることによって、社会は成り立っている。社会に何らかの価値を提供しなければならない。

社会を成り立たせている一員として、社会に対して役に立つ、意味のある仕事をし

て対価を得る。それが働くことの意味である。

人は、社会に対して自分が貢献出来ていると感じるとき、すなわち組織や会社やお客さまに貢献出来ていると感じるとき、それが大きな喜びになる。

仕事をしていていちばんうれしいのは、給料が上がったときでもなければ、昇格したときでもなく、誰かの、あるいは何かの役に立っていることを実感出来るときである。

ただし現実には、働くことが常に喜びになっている人はそんなにはいない。毎朝会社に行くのが楽しくて仕方がないという人は、少ないだろう。

特に若い人はそうだろう。私も駆け出しだった二〇代のころは、なかなか仕事を楽しいとは思えなかった。頑張ってもなかなか成果が出ないし、自分が誰かの役に立っているという実感も得られにくかったためである。

しかしそれでも仕事はやらなくてはいけないし、やる限りはベストを尽くす。

やり続ける中から、少しずつ実力が蓄えられ、役に立つようになり、また、誰かに感謝されたり喜ばれたりする回数が増えていくものだからだ。さらに自己を磨き続けていけば、自分の働きによって、会社や業界や社会を変えるといった大きな体験が出来る機会も得られるようになる。

踏ん張れ！　諦めたら進歩はない

だから特に若いうちは、とにかくがむしゃらに働いてみることが大事だ。人は働く中から「なるほど、仕事はこういうものなのか」という手応えをつかむことが出来る。

少し前のことになるが、ある国の富士フイルムの現地事業所に出張したときに、従業員と一緒に酒を飲んだことがあった。そのときに三〇代の若い社員が、私にこう尋ねてきた。

「私は、仕事とプライベートの両立に悩んでいます。仕事にはどれぐらいのエネルギーを注げばいいのでしょうか」と。

それに対して私はこう答えた。

「半年でいいから、死ぬ気になって働いてみなさい。すると仕事がどういうものかがわかるし、バランスのとり方もわかるようになるよ」

仕事に対する手応えをつかめないうちから、仕事とプライベートの力の配分などを考えていると、間違いなく中途半端な仕事しか出来なくなる。

そんな仕事のやり方を続けていると、いつまで経っても会社やお客さまには貢献出来ない。自分も仕事への喜びを見出せず、つまらない思いを持ちながら一生働かなくてはいけなくなる。

だから半年でいいから、ドップリと仕事に浸かって、死ぬ気になって働いてみてほしいのだ。

死ぬ気で半年も働けば、「手応えをつかむためには、ここまでやればいいんだな。ここまでやればお客さまも満足してくださるし、会社に対しても貢献を果たすことが出来るな」という目安が見えてくる。

そうしたら、そこから残りの時間を逆算して、プライベートを充実させることに全力を注げばいい。「仕事も充実、プライベートも充実」をめざしたいのなら、まずは仕事に全力投球することである。

もう一度繰り返そう。特に若いうちはなかなか仕事に喜びを見出せないかもしれない。しかしそれでもひたむきに仕事に取り組んでいく。すると次第に仕事にやりがいを感じられるようになり、また自分の仕事が社会や人々に貢献出来るものへと深化していくのだ。

だから若い人には、仕事のやりがいをつかめるところまではとにかく踏ん張ってほしい。踏ん張らないと、自分を伸ばすことも、責任を果たすことも出来なくなる。ここが極めて重要なポイントである。

どう生きるか、
どう働くか

死ぬ気で働いたあとの世界にいくつもの選択肢が現われる。

会社選びと私の〝就活〟

読者の中には、「古森という人間は、常に鋼《はがね》のような強い意志を持って、物事をやり遂げてきたのではないか」というイメージを持たれた方もいるかもしれない。

しかし私は、いつも強い意志を持って生きていたわけではない。若いときには、自分が何をしたいのか、何をするべきなのか腰が定まっておらず、自分自身を持て余していた時期もあった。

「波長が合う」は大切な要素

東京大学を卒業した私は、一九六三年に富士フイルムに入社した。

「戦争に負けた原因は経済力であり、経済・産業で国力を伸ばすために重要な、もの作りのメーカーに行きたい」という思いが強かった私だが、富士フイルムを選ぶことになったきっかけは、広告会社に勤めていた私の親戚がすすめてくれたからである。その人は仕事で富士フイルムと取引をしていて、「あそこは人を大事にするいい会社だぞ。それに若い人にも比較的大きな仕事を任せてくれる。おまえに合うんじゃないか」と教えてくれたのである。

そこで就職活動の最初の日に富士フイルムを受けてみたのだが、面接のときから、どういうわけか人事部長や役員と波長が合った。本当は富士フイルム以外にも五、六社受けるつもりだったが、試験の後すぐに富士フイルムから電話がかかってきたのだ。

「君、来てくれますか」と。

そして即断即決で「はい。わかりました。入ります」と答えたのである。

「人事部長や役員と波長が合ったから選んだ」などと言うと、直感だけでいい加減な決め方をしたように感じられるかもしれないが、しかし「波長」が合うというのは極めて重要な要素である。私にはそのとき、富士フイルムの社風や社員の人柄が、フェアで極めて好ましいものに映ったのであった。

もちろん会社選びでは、将来性とか、本当に自分がやりたい仕事なのかといったことを考えることも大事だが、実際に入って働いてみないとわからない部分も多い。

色々理屈で考えたからといって、正しい答えが出るとは限らない。

大切なのは、自分の五感を研《と》ぎ澄《す》まして、判断することである。これは会社選びだけに限ったことではない。

「俺はサラリーマンに向いていないのか？」

富士フイルムに入社したものの、数年間は、私は決して模範的な社員とは言えなかった。

「サラリーマンという生き方を選んだのは、本当に自分にとって正解だったのか。もっと個人の力で勝負出来るような仕事に就いたほうがいいのではないか」などという気持ちが、心の中のどこかにあったからか、腰が定まっていなかった。

入社して最初に配属になった経営企画部で私に与えられた仕事は、市場調査の統計結果をもとに、各種フィルムの売上は今後、毎年何パーセント伸びるか、といった需要予測をするというものだった。予測はけっこう当たったと思うが、私にはこの仕事がどうにも肌に合わなかった。

机の上で計算機を叩いて数字をはじき出す仕事ではなく、実際にお客さまを相手に商品を売り込むような、具体的に成果を作り出すような仕事がしたいと思ったのである。

当時の私は、会社で四股《しこ》を踏んだり、ロッカーに頭をぶつけることで、持て余したエネルギーを発散していた。私の頭突きのせいで、会社のロッカーはすっかりへこんでしまった。

そこで私は、営業の現場に出させてもらうように上司に直訴《じきそ》した。そして入社一年後に営業のバックアップ部隊に異動になり、さらに一年後には、当時まだ新しかった産業材料部の営業部門に異動になった。

産業材料部は、写真の技術を使って、何か他の新しい製品を開発するという目的で作られた部門で、当時各部のエースが集められていたという。写真フィルムなどのコンシューマ製品を中心に扱う感材部に対し、産業材料部は、印刷用の製版フィルムなどのＢｔｏＢ製品を主として扱う部署であった。

しかし私はこの部署でも、それなりに成果を出しながらも、サラリーマンとして生きていくことに対する覚悟をまだ決めきれずにいた。

これは私に限ったことではなく、若手のサラリーマンの中には、自分の仕事に完全には夢中になれない人が割と多いのではないかと思う。

若手社員に与えられる仕事は一見、小さなものと思われることが多い。「この仕事をやり遂げれば、会社のためになり、社会のためになる」という実感を持ちにくい仕事も多い。本当はそうした仕事にも大きな意味があるのだが、そのことにはなかなか気づけない。だからどうしても自分を持て余すことになるのだ。

当時は、私もあり余る情熱を持ちながら、その情熱をぶつける対象がつかめずにいたのである。

三〇歳の私の転機

私の意識が変わったのはちょうど三〇歳のころである。

折り合いが悪く、頻繁にぶつかっていた課長が異動になり、新しい課長がやってきた。一緒に働き始めてしばらくしたとき、その課長が私に、「古森君、これからは君がリーダーになってうちの課をまとめてくれ。僕の片腕となってサポートをしてほしい」と言ってくれたのである。

私が喧嘩っ早くて暴れん坊の激しい性格の持ち主であることを理解したうえで、その私の力を評価してくれてこういうロール（役割、任務）を与えてくれた。そのとき、ああ、この人は私を信用してくれている。私もそれに応えなければならないと思った。私は、そこから本腰を入れて仕事に取り組むようになった。そこがひとつの転機だった。

『三国志』に「蛟龍《こうりよう》の淵に潜むは天に昇らんがため」という言葉がある。これは、龍は滝にジーッと潜む時期があり、それはやがて天高く昇るために力を溜めているという意味だ。

美化するわけではないが、覚悟が定まらず、自分を持て余していた時期はまさしくそういう時期だったと振り返って思う。

自分が何をするべきなのか見えていない時期には、一歩立ち止まって「自分は本当は何がしたいんだろうか」「社会の中で自分は何を為すべきなのだろうか」といった人生の摸索をする時期を持つことは大事である。自分の視野を広げることにつながる。

その間に、内側にはエネルギーがふつふつと溜まってきている。すると、やるべきことが定まったとき、一気にそのエネルギーをやるべきことに向けて投入することが出来るのだ。

どう生きるか、どう働くか

一見小さな仕事にも大きな意味がある。
その積み重ねに意味がある。
やがて、全力を投入する時が来る。

「伸び続ける人」「停滞する人」

使命感や責任感を持って前向きに仕事に取り組んでいる人は、成功からも失敗からも、自分を高める教訓を得ることが出来る。

そういう人は、セレンディピティ――すなわち、いろいろな体験や物事から価値を発見したり、学習する能力が養われているから、起こった事象や出会った人から学ぶべきことが、自然と頭に入ってくるのだ。

仮にどれだけ自分が優秀だったとしても、慢心せず、自分にまだ足りない部分を謙虚に見つめる。他人から良いところを学びとっていこうとする。何事からも学ぶべきことを得る。だからさらに優れた人物になっていく。成長のグッドスパイラルに入っていける。

同期のトップが五年後、平凡な社員になる理由は？

頭もいいし、やる気もあるのになぜか成長のスパイラルに入っていけない人もいる。そういう人は、ひとつには謙虚さや素直さといった学ぶ姿勢がないから、他人や仕事から学びを吸収出来ないで、いつまでもそのままなのだ。

それと、「自分のため」ではなく、「会社のため」という意識で仕事をする人は伸びる。いわゆるオーナーシップを持てるかどうかだ。自分は会社に貢献しているかどうか、常に自分に問いかけなければいけない。

「なんだ、そんな当たり前のことか」と思われるかもしれないが、「そんな当たり前で基本的なこと」が出来る人と出来ない人がいるから、五年、六年経ったときに、明らかに目に見える差になって現われてくるのだ。

私が富士フイルムに入社した一九六三年には、八六人の大卒新入社員がいた。ある大学の法学部を首席で卒業して入社してきたという噂が立っていた者もいたし、私から見ても「こいつはたしかに切れ者だな」と思える者もいた。

最初のうちはみな横一線でスタートするわけだが、働き始めて五、六年もすると、会社の中で高い評価を受ける人物と、それ程でもない人物にだんだん分かれてくる。興味深いのは、入社したときに優秀だと思われていた人物が、五、六年経ったときに必ずしも優秀とは限らないということだ。逆のケースも多い。入社時それ程でもなかった人間がグングン伸びてくる。

いったい何が違うのだろう。私は注意深く観察した。入社したときに優秀だった人間でも、今言ったように、「何事からも学ぶ」という姿勢がなかったため、成長しなかったからであろう。一方で入社のときの評価が低くても何事からも学びとる人はどんどん伸びていくのである。

努力は人を裏切らない

人間には持って生まれた才能がある。たとえば羽生《はぶ》善治《よしはる》棋士《きし》はすでに小学生のときから、将来将棋界を引っ張っていく人間になるだろうと一流の棋士は確信していたという。こうした才能については、天から授かるものであって、自分ではどうしようもないものだ。

また、人は生まれてくる環境も自分では選ぶことが出来ない。日本のような物質的に豊かな国に生まれてくるか、戦乱が収まらない国に生まれてくるか。子供は自分が生まれてくる場所を自分では選べない。

しかし才能や環境は自分ではコントロール出来なくても、努力をするかしないかは自分で決められる。そして努力次第で結果も変わってくる。

恵まれた素質や環境を天から授かっていることに胡座《あぐら》をかかず、あるいは己の素質の足りなさに絶望せず、何事からも謙虚に学び、たゆまぬ努力を続けていく。そういう人間は常に成長し、少しずつでも実力を確実に身につけていくことになる。

そこが大事なところなのである。

どう働くか、
どう生きるか、

「何事からも謙虚に学ぶ」姿勢が
将来の大きな差になる。

「会社は自分のもの」と思えるか

私が社長になった理由のひとつは、「人一倍、会社思いだった」ということにある。オーナーシップを持って、会社を我が事として、いつも仕事に取り組んできた。

結婚してしばらくして妻が私に、「あなたみたいな生活したら、私は三カ月で死ぬわ」と言ったことがある。営業だったこともあり、それくらい朝早くから夜遅くまで仕事をした。また、よく酒を飲んだということもあった。

オーナーシップを持って働いていると、仕事に対する愛着が生まれる。「今日は疲れたからもう切り上げようか」という誘惑が心をよぎっても、「ここが踏ん張りどころだからもう少し頑張ろう」という気持ちになれる。

また、「こうしたほうが絶対にいいはずだ」と思ったことについては、上司や周囲の反対にあっても、粘り強く説得してやり遂げることが出来るようになる。失敗したときには、次の機会に活かすことも出来る。

オーナーシップを持って仕事に取り組んでいる人は、自然と成長していくことが出来るのである。

逆にオーナーシップを持っていない人は、仕事に対する思い入れが浅いというか、自分が担当している仕事をどこか他人事に捉《とら》えている。

オーナーシップのない人は、「自分がその仕事をどうしたいのか」ではなく、「上司から指示されたから」「お客さまから言われたから」という理由でいつも仕事に取り組んでいるような状態になる。

だから仕事で失敗したときにも、理由を他に見つけ、「上司の指示が悪かったから」「お客さまが無理難題を吹っかけたから」というように、その原因を自分ではなく他人に求める。

これでは、いつまで経っても成長出来ないのは当然である。

二〇代の私を激変させた社長の「ひと言」

実は若手社員のころの私にも、忘れられない経験がある。

印刷材料の営業担当だったときのことだ。

当時は当社にも品質競争力の低い製品があり、市場で競合に売り負けていた。

ある大手の印刷会社に営業活動に行ったとき、その会社の技術関係の常務から、

「君の会社の印刷用製版フィルムは性能がよくない。だからうちはコダックを使っているんだ」

とさんざんに批判されたことがあった。当然、商談は成立しなかった。

そのとき私は思った。

「開発部門や生産部門がよい製品を作ってくれないことには、営業マンは勝負のしようがない。これではコダックに負けても仕方がない」と。

そんなある日、当時の平田九州男《ひらたくすお》社長と話が出来る機会が訪れた。社長とある会合で同席することになったとき、若輩にもかかわらず私は、平田社長に訴えた。

「我が部の製品はコダックに比べて明らかに劣っています。なかなか勝てません。研究所や工場の人間に、もっと製品の品質を上げるように社長から言っていただけませんか」

すると社長は、「わかった。それは研究所や工場の人間に言っておこう」と答えたあと、こうつけ加えた。

「ただ、君はそのために何をしたのかね？」

ハッとさせられるひと言だった。

社長の問いに対して、私は何も答えることが出来なかった。私は、自分の立場で何が出来るのか突き詰める前に、「製品が悪い」「研究所や工場の人間が悪い」と、人のせいにしていたからだ。そんな私の姿勢を、ずばりと突いたひと言だった。

人はうまくいかないとき、他人のせいにしがちなもの

私はこのとき、オーナーシップとは何かが、本当の意味でわかった。

製品が売れないときに「工場が悪い」「品質が悪い」と文句を言うのは簡単だ。し

かし文句を言ったところで、状況は何も変わらない。

それなら状況を変えるべく、自ら動けばいいのだ。誰かが悪いのではなく、自分がそれを解決する努力をしないのが悪いのだ。

お客さまが会社の製品のどこに不満を抱いているのかをいちばん知っているのは、現場で働いている営業マンである。

そこで営業マンは、研究所や工場の技術者に営業現場の状況をしっかりと伝え、「私もお客さまからニーズを聞き出してくるから、ぜひお客さまに満足していただける製品を一緒に作っていこう」と、彼らに訴えかけることが大事になる。

また技術者にも営業の現場に同行してもらい、お客さまの声を直《じか》に聞いてもらう機会を作ることも重要だろう。

先程の印刷会社の技術担当常務のところに、すぐ技術者を連れていった。常務からこてんぱんに批判された技術者は、人材を集め、それから改良に本腰を入れるようになった。

出来ることは、たくさんあるはずなのだ。

つまり製品が売れなかったのは、「製品が悪い」からだけでも「研究所や工場の人間が悪い」からだけでもなかった。自分の立場で出来ることを考え抜けば、私自身にやるべきことがあったのだ。

社長のひと言で、私はそのことに気づいたのである。

どう生きるか、
どう働くか

出来ない事を他人のせいにするのではなく、
自分自身で行動せよ。

「自分の頭で考え抜く」ことなしに成長はない

オーナーシップを持って仕事に取り組んでいる人の特徴として、「人の意見を鵜呑《うの》みにしない。会社のために何がいちばんいいのか、常に自分の頭で考えて答えを出す」ということが挙げられる。

企業によってはコンサルタントを重用《ちょうよう》しているところが多いが、私は富士フイルムの社員に対しては、「社外のコンサルタントや弁護士に頼りすぎるな」といつも言っている。

もちろんM&Aを行なうときなどは、そのプロセスやルールについて精通している外部の専門家に協力をもらうことはある。

しかしそれはあくまでも情報や助言をもらうということであり、それを受けて考えるのは自分自身である。

ところが中には、「コンサルタントもこう言っていますから、この方向で進めましょう」などと言い出す部下がいる。

私が部下に聞きたいのは、コンサルタントがどう言っているかではなく、「君がどう考えているのか」ということである。

自分の会社や事業のことは、自分たちのほうがよく知っている。一生懸命考えれば、コンサルタントよりも、自分のほうが正しい答えを導き出せるはずである。第一、人に頼って答えを出してもらっていたら、いつまで経っても自分で答えを出す力はつかない。

他人の意見を謙虚に聞くのは大事だが、最後は自分の頭で判断する。こういう人間でないと、早い段階で成長が止まってしまうことになる。

上司との〝意味のある〟喧嘩

これは上司の指示に従うときも同じである。

「上司が言っているから従う」のではなく、「上司の考えが正しいと思う」から従うことが大事なのだ。

「それは違う」と思ったときには、はっきりと自分の意見を言ってもいい。

私も若いころには、上司と意見が違って喧嘩のようになることがよくあった。ただし、常に自分のためにではなく会社のために発言していた。会社のことを思って「こうすべきです」と上司に意見していたのである。

自分の待遇や評価に不満を持って喧嘩を挑んだことは一度もない。そんなことを上司相手にやっても勝ち目はないし、不毛である。

会社のことを思っての論争であり、喧嘩であれば、意味のある喧嘩であり、上司も本気になって向かい合ってくれる。そして最後は、私の意見を上司も認めてくれ、「よし、ではおまえのやり方で行こう」と言ってくれたことが何度もあった

このときの私の姿勢の基本は、「まず事実に、そして自分にも、仕事にも、人にも、誠実に真面目に向き合うことが大事だ」ということだ。

本来は会社の仕事は、自分の人生の一部である。それもかなり大部分なのだ。ところが、会社や仕事を自分がどうしたいかを己の頭で考えようとせず、人任せにしている人がいかに多いことか。

それは会社のためにもならず、自分のためにもならない態度である。

どう生きるか、どう働くか

「最後は自分の頭で判断する」習慣が、〝いい結果〟につながる。

2章

強くあれ、そして優しくあれ

タフじゃなくては生きていけない。
優しくなくては生きている資格がない。
——レイモンド・チャンドラー『プレイバック』より

「私の価値観」のルーツ

私が自分の生き方や価値観を形成するうえで、もっとも影響を受けた人間は、父と母である。人として生きていくうえで大切なことは、すべて幼少期に両親から学んだといっても過言ではない。

父は明治三一年生まれ、母は明治三七年生まれ。父も母も典型的な昔の日本人、明治の日本人だった。

父のことで強烈に記憶に残っているのは、やはりあの終戦直後、私たちが住んでいた旧満州国の奉天《ほうてん》の街で、暴動や略奪が繰り返される混乱の中、ときには軍刀を抜いて命がけで私たち家族を守ってくれたときのことである。

私の中に根づいている「男はいざというときは、家族を守るために、会社を守るために、国を守るために、身を挺《てい》して戦わなくてはいけない」という考えは、父から受け継いだ要素が大きい。

父のことでもうひとつよく覚えているのは、私が上級生と喧嘩して負けて帰ってきたときのことである。

父は泣きじゃくる私をぶん殴り、「負けてどうするか。もう一度喧嘩してこい」と、家から追い出したのである。そのことだけではないが、私に戦う根性を植えつけてくれたのも父だった。

また父や母は、いつも私に、「曲がったことはするな」「卑怯《ひきょう》な真似はするな」「正直であれ」「嘘をつくな」「負けて泣くな」「弱い者いじめをするな」「人様に迷惑をかけるな」「姿勢を正しくせよ」と言ってくれた。

特に日本に引き揚げたあとに私たちが暮らした九州は、卑怯な真似をすることをもっとも嫌う土地柄だった。父も母ももともと九州の人間だったから、この点についてはとりわけ厳しくしつけられた。

ビジネス人生を豊かにした〝父母の教え〟

実は家庭教育は、先ほど述べた「正直であれ」「卑怯な真似をするな」といった、生きていくうえでの基本を、子供に教え込むことが出来れば、それで充分ではないかという気がする。

この基本さえ身につけておけば、大人になってどんな社会で生きていくにしても、周りの人から信頼され、愛される人間になることが出来ると思う。

事実、あのころ父や母から教え込まれたことは、今私が生きていくうえでのベースになっている。

私は卑怯なことがいちばん嫌いだ。それだけは自分がやりたくないし、人にもやってもらいたくない。

ビジネスの場面においても、人を裏切ったり卑劣な真似をしたことは、これまで一度もない。誰からも文句を言われない正しいやり方でフェアに、正々堂々と戦うということを大事にしてきた。王道、というか正道を歩みたいと思ってやってきた。

だからこそ私は、これまでのビジネス人生で多くの方の信頼を得ることが出来た。これは明らかに父母の教えによるものだ。

おそらくある時期までの日本では、私が親から言われたことと同様のことを、どこの家庭の子供も、親から言われながら育ったはずである。

ところがいつのころからか、こうしたことをきちんと子供に教え込む親が少なくなった。いちばんシンプルで大切なことがおろそかにされているのではないだろうか。

どう生きるか、どう働くか

ビジネスでも人生でも
卑怯なことはするな。
王道を堂々と突き進め。

いい人であるだけでは戦いには勝てない

レイモンド・チャンドラーの『プレイバック』という小説に、主人公のフィリップ・マーロウの台詞《セリフ》として、「タフじゃなくては生きていけない。優しくなくては生きている資格がない」という言葉が出てくる。

やっぱり強くなければダメだ。強くなければ色々な困難に打ち勝っていけない。

だが大事なのは、その強さがただ何かを打ち負かしたいというのではなく、何のために強くなって勝ちたいのかというところだ。たとえばいい仕事をするためとか、家族の幸せな生活を守りたいとか、国のために戦うとか、そういう動機というか、大義というか、そういうものが大事なのだ。

それはまさしく真の愛であり、真の優しさである。だから優しさと強さの両方が必要なのだ。

たとえば家族や親友といった、自分にとって大切な存在の人の幸せを願う。あるいは国や社会が穏やかに治まることを祈る。こうした「優しさ」を持っていることはとても重要だ。

しかし優しさだけでは無力なときがある。何か事が起きたときには、強さがないと自分の大切な存在や価値を守ることが出来ないからだ。だから「優しさ」だけでなく「タフ」でなければいけないのである。

私は「戦う」という言葉を使うことがあるが、誤解してほしくないのは、戦いの目的は相手を打ち負かすことにあるわけではないということだ。また必ずしも自分が利益を得るために戦うわけでもない。

家族や会社、国といった、より大きなもののために、より優れた価値のために、戦う必要が出てくるときがある。強さは、守るべきもののために発揮されてこそ意味があるのだ。

優しさを持っていることは重要だが、それだけでは不充分で、大切な人を守るためには、戦いも厭《いと》わない強さ・タフさをも併せ持っていることが大事だということだ。

「部下から嫌われたくない」上司のもとでは部下は成長しない

ちなみに、「優しい」という言葉としばしば混同されがちな概念に「甘い」という言葉があるが、これはまったく違うものだ。

かつての私の上司にも甘い人がいた。部下を厳しく叱ることをせず、何でも「いいよ、いいよ」と許してしまう。すると部下の心の中にも甘えが生まれ、物事に徹底して取り組むことを怠るようになり、成長がストップする。

では部下に甘いこの上司は、優しい上司と言えただろうか。答えはもちろん「ノー」である。

優しさとは、その人のことを思う気持ちである。部下に対してであれば、「育ってほしい」「いい仕事が出来るようになってほしい」「やがては会社を支えるような人材になってほしい」と願うのが上司の本当の優しさである。

「育ってほしい」という気持ちがあれば、上司は部下に対して、褒《ほ》めるべきときには褒め、励ますべきときには励ましの言葉が自然と出てくるはずだ。そして叱るべきときにはしっかりと叱る。

それが優しさである。甘い顔ばかりするのは、少しも優しさではないのだ。

最近の三〇代や四〇代の若い管理職の中には、部下を叱れない人が増えているという。叱られることに慣れていない人が多く、叱られると必要以上にショックを受けて会社を辞めてしまう人すらいるという。そのため下手に叱ることが出来なくなっているというのが大きな理由のようだ。

また、自分の心のどこかに、「部下から嫌われたくない。いい人に見られたい」という気持ちもあるのではないだろうか。嫌われたくないから叱れないというのであれば、それは優しさではなく、甘さである。私はそれは一種の卑怯さだと思う。

「意」を持っているか

私は、今の若い人は、優れたものをたくさん持っていると感じている。素直であるし、礼儀正しいし、謙虚であるし、自分の専門分野を深めるという意味で勉強熱心でもある。

ただし、決定的に不足していると感じるのが「戦う気持ち」である。

あるいは、意地や意気地、意欲、意気といった「意」を持っている人が少なくなった。意地っ張りというのは、本来は良い意味で使われる言葉ではないが、しかし意地がまったくないようでは寂しすぎる。

四〇年前や五〇年前の日本には意地っ張りがたくさんいた。是が非でもやるべきだと信じたことについては、周りの人間と軋轢《あつれき》が生じることも厭わずに、自分の思いを押し通そうとしたものだ。それが物事を動かすひとつの原動力でもあった。

「生きることは戦いであり、ビジネスもまた戦いである」

と私が言っても、今の若い人にはその言葉の意味すらピンとこないのかもしれない。

事実、以前私が若い社員に対して、「頑張って戦え」と励ましたところ、「えっ、戦うんですか?」と、きょとんとした顔をされたことがある。

日本の教育は戦後、「競争はいけません。戦うことは悪です。みんな仲良くしましょう」という考えを子供たちに植えつけてきた。幼稚園や小学校の中には、運動会のときに順位を決めずに、子供たちに手をつながせて一緒にゴールさせているところもあるという。

そのせいか、ときには周囲と衝突や対立をしてでも「絶対にこれをやるべきなんだ」と主張するような強いバイタリティを持った若者が、最近ではめっきり減っている。自分が突出したり周囲と摩擦が起きることを恐れ、その場の空気を読みながら、周りに合わせることを第一に考える人ばかりになってしまった。

ちなみに最近は、インターネットで仲間を集めて凶悪犯罪を行なう若者がいるという話も聞くが、彼らは、仲間内では非常に丁寧な言葉遣いをしているらしい。凶悪犯罪に走るぐらいだから、さぞ攻撃的な人間であるのだろうと思いきや、彼らですら仲間から嫌われたくない、孤立したくないという思いを抱いているようだ。何という社会なのか。


だが現実の社会は、よい意味でも悪い意味でも、弱肉強食の戦いの連続である。強い「意」を持って、たった一人で立ち向かわなくてはいけないこともある。

特に日本を一歩外に出たら、それはお互い食うか食われるかの厳しい競争の世界なのである。

礼儀正しくいい子であるのは美徳のひとつだが、しかしいい子であるだけでは戦いには勝てないのだ。先のフィリップ・マーロウが言うように、タフでなければ、強くなければ、戦っていけない、生きていけないのである。

だから私は若い人には、戦いから逃げない心を、いやむしろあえて戦いに挑んでいく心を持て、と言いたい。そして、自分を鍛え、戦いに勝てる力を、今からでも遅くない、養ってほしい。

どう生きるか、どう働くか

周りの人間との軋轢《あつれき》も厭わずに、やるべきことを押し通す強い「意」を持て。

「美しい勝ち方」をめざす

生きることは戦いであり、戦うからには勝ちたい。ただし私は、勝つためであれば何をしてもいいと考えているわけではもちろんない。

正しく、賢く、強く、優しくあらねばならない。正しい判断をして、正しい行為をし、正しい成果を得るのが一番。

またどうせ勝つなら、フェアで立派な勝ち方、「あいつに負けたなら仕方がない」と相手からも賞賛されるような勝ち方をしたい。

ライバル社との壮絶な戦いの末……

以前、こんなことがあった。ある大きな会社が大規模なシステムチェンジを行なうということで、A、Bという二つの技術の候補があった。当社はAというシステムの導入を売り込み、Bを押している会社との戦いになった。

当時営業課長だった私も色々手を尽くしたが、なかなか決まらない。その得意先は担当常務やら、担当役員やら取引相手には関係者がたくさんいて、各々違うことを言っている。いつ決まるのか、どういう理由で決まるのかすらわからない。ライバル社も攻めあぐねているようだった。

そのときに、誰が決めるんだろうという観点で見直してみると、実は常務や役員ではなく、現場の部長が決定権を握っているということが見えてきた。

ターゲットがわかれば後はスムースにいった。作戦を整え、現場の部長に働きかけると、すぐに物事が動き出した。結果、当社のシステムが勝った。

その会社は業界の代表的な存在だったので、その後の業界のトレンドを決めることとなった。Aというシステムが主流となったのだ。

今だから言えることだが、もし、Bというシステムが採用されていたら、お客さまにしても完全に失敗だった。結果として世の中のためにもなったわけだ。

まさにあざやかな勝ち方だったと思う。

これは営業としていちばんいい勝ち方だ。ただ勝っただけではなく、正しいことをすすめて勝った。正しいことを認めてもらって、あなたよかったでしょう、そして世の中のためにもなった、という話が出来る。これが一番いい。

どう生きるか、
どう働くか

正しい判断、正しい行為で、
正しい成果を得るためには
戦わねばならないのだ。

3章

一冊の本との出合いが、人生を変える

学びて時に之を習う亦《また》説《よろこ》ばしからずや。
――孔子『論語』より

「読書」と「実践」の繰り返しで真の力がつく

私は子供のころから本が好きで、文学書、歴史書、哲学書などをはじめ、多くの本に慣れ親しんできた。

真の実力を養うのに読書にまさるものはない。

読書から吸収したものが、私の力となり血となっていることは間違いない。

一人の人間が経験出来ることには、時間や空間など限りがある。その中での経験だけではとても足りない。

いい本を読むというのは、自分が触れてきた周りの世界以上のものに触れることだ。素晴らしい天才に触れることが出来る。自分では思いもつかないような考え方に触れることが出来る。偉大な業績を残したプロヤスそのものに触れることが出来る。本は知恵の宝庫なのだ。

教養だけでなく経験、経験だけでなく教養による補強

本を読んで学んで実践し、実践からまた学ぶ。実践で「こういうことかな」と考えたことを、また本によって「やっぱりそうだったか」と確認する。そういう修養を意識して、私はこれまで積んできた。それが、社長になってからも、「この難問を解いてみせろ」と言われたときに活きたのは間違いない。

『論語』に「学びて時に之を習う」という言葉があるように、学んだものを実践してこそ、初めて生きた学びになる。教養だけでなく経験が必要、経験だけでなく教養による補強が必要なのだ。このことが大事だ。

そうすると、自分の世界が広がって、自分も磨かれていく。真の力が養われていき、大きなスパイラルで成長していけるのだ。

哲学や歴史の良書が私を鍛えた

また、思考力を養うのにも本を読むのがいちばんである。

本を読むという行為は、著者との対話である。

「この人はなぜこんなことを言っているのか」「それは本当に正しいのか」「自分だったらどう考えるか、どう行動するか」

といったことを、頭の中で考えながら読まなくてはいけない。

どんなに栄養価の高い食事をとっても、きちんと噛《か》まずに飲み込んでしまったら血や肉にはならない。

書物も同じで、じっくりと咀嚼《そしゃく》しながら読み込んでいかないと、自分の力にはならないのである。

こうして鍛えられた思考力や国語力は、会社に入ってからのその人の能力といちばん比例する。

人間は主として言葉を使って考え、言葉で理解し、言葉で話す。国語力があればよく考えることが出来、かつ、コミュニケーションもうまくとれるのだ。

やはり読書は、人間の根源力を鍛えるいちばんいい方法なのだ。

どう生きるか、どう働くか

偉大な人間そしてその知恵に本を通して触れる。

その繰り返しが血となり肉となる。

本を通して大きくひらけていく自分の世界

「真の実力を身につけたい。身につけなくてはいけない」という思いを、まだ少年だったころから私はすでに強く持っていた。

受験勉強と読書

私が高校生だった時代は今よりも受験戦争が熾烈《しれつ》で、四当五落《よんとうごらく》、すなわち「一日五時間睡眠だと不合格になる。一日四時間しか眠らずに遮二無二《しゃにむに》勉強しないと受からない」と言われていた。

しかし、私は受験勉強に専念したかというと、そんなことはなかった。時間の半分は読書に費やしていた。学校の勉強や受験勉強だけでは、人間としての本当の実力は養えないと思ったからだ。自分を高めるためには「頭」だけではなく「心」を磨くこと、「知識」だけではなく「思考力」や「感受性」を鍛えることが大事だと考えたのである。

文学で言えば、ドストエフスキー、トルストイ、スタンダール、バルザック、ロマン・ロラン、夏目漱石、森鷗外、芥川龍之介といった作家の主だった作品は、高校を卒業するまでにはあらかた読み尽くしていた。

私が一日の睡眠時間を削り、起きている時間の半分を勉強、半分を読書に充《あ》てるというストイックな生活を送ることになったきっかけは、高校入学直後に読んだ吉川英治の『宮本武蔵』の影響が大きい。

『宮本武蔵』には、お通《つう》さんとの恋の話もちりばめられているが、全編を通じて描かれているのは、刻苦勉励しながら剣の道を究めることで自己の完成をめざす、武蔵の姿である。

これを読んだときに私は純粋に感動し、「ああ、自分もこういうふうに生きよう。これからは自己を律した生活を送ることで、自分を高めていこう。そして社会の中で厳しい戦いを生き抜いていくために必要となる、本当の実力を身につけよう」と心に決めていたのである。

同じようにロマン・ロランの、ベートーベンをモデルにした『ジャン・クリストフ』も、刻苦勉励、ストイックに自分を高めていく考えの強化につながった。

また、大学時代に出合い、印象に強く残ったのが、『ツァラトストラかく語りき』をはじめとしたドイツの哲学者のフリードリヒ・ニーチェの著作だった。

「人間とはもともと強く、気高く、賢く、優雅でかつ自由、崇高な存在である。ところが、そのように本来は気高い獅子であるべきなのに、現実は道徳や宗教、権力者の支配などで飼い慣らされた羊のようになっている。その束縛から人間を解き放て」というニーチェの思想は、そのときの私の心の有りようにしっくりとくるものだった。

私は少年時代、学校で「自分の考えを通したらダメ」「みなと同じことをしなければダメ」「いつもお利口にしていなければダメ」といった周囲の大人たちの圧力を受けながら反発して生きてきた。

私が自らの考えで行動しようとすると、学校の教師はすぐに私のことを抑えにかかろうとした。

しかし彼ら自身は、何か自分なりの考えがあって、私を抑えつけていたわけではない。古くさい因習や道徳に縛られ、先例から外れてしまうのを恐れているだけだったと思う。私はそういう大人たちがたまらなく嫌だった。

そういう少年時代を経て、大学時代にニーチェと出合ったとき、私の考えにぴったりだと思ったのだ。

人生をより創造的に

ニーチェを読んだときに抱いた解放感は、ウエイン・W・ダイアーの『自分の時代』という本を読んだときにも感じた。ダイアーはアメリカの心理学者だが、その思想はニーチェに似ているところがある。

多くの人は自分の人生を他者にあやつられている。しかし人生の主役は自分自身である。自分をあやつる糸は、自分が引かなくてはいけない。そして自分の人生をより創造的に生きなくてはいけないというのが、ダイアーの考え方だ。

この本を読んだのは三五歳前後のときである。私は社会に出てからも、創造的に生きようとする人間を否定し、因襲に合わせることを求める周囲からの圧力を、常に感じていたのである。そうした中で、ダイアーの著書は、もやもやとした感情をすっきりと吹き飛ばしてくれる良書だった。

考え方ひとつで、人生はいくらでも好転するのか！

今の私はそうではないが、少年時代から青年時代にかけての私は、物事をどこかネガティブに捉《とら》えるところがあった。

そんな私のネガティブな思考傾向を変えてくれたという点では、アメリカのジョセフ・マーフィー博士の一連の著作の影響も大きい。

マーフィーは、「肯定的な考え方や成功するイメージを持ちながら物事に取り組むことが、よい結果をもたらす」と説く。

言われてやってみるとその通りだった。明るく前向きに考え、成功を信じて努力すると、イメージした通りに状況が変わっていったのだ。

たとえ困難な状況にあっても、「これは自分を成長させるチャンスだ」と考えるようにする。するとポジティブ・スパイラルが回り出し、本当に成功と成長を手に入れることが出来ることも実感した。

初めてマーフィーの著書を読んだのは三〇歳ぐらいのときだが、人生や仕事への態度を変えるひとつの転機になった。自分の人生を幸せで実りあるものに出来るかどうかは、結局のところ、自分の考え方ひとつであることを学んだ。

日本人としての生きる誇りを持たせてくれた一冊

日本とは何か、そこで生まれた自分とは何かを知るうえで、貴重な出合いとなったのが、松原久子さんが著した『日本の知恵　ヨーロッパの知恵』という本である。

松原さんは長らくドイツで活動を続けていた学者で、比較文化史を専門にしている。『日本の知恵　ヨーロッパの知恵』は、日本とヨーロッパを比較しながら、日本にも優れた為政者がいたことや、明治維新以前から高い文化水準を保っていたこと等、日本文明の価値を明確に示した著作である。

私自身、日本が戦争に負けたというコンプレックスから、成人してからも、日本人としての誇りやアイデンティティをなかなか持てずにいた。日本は欧米に比べて劣った遅れた国であるという意識をぬぐえなかったのである。

しかしこの本を読んで、日本には優れた文化がある、伝統がある、歴史がある、精神があると確認出来た。日本の国家と、その国の中で育った自分自身に対して、一点の曇りもなく誇りを持てるようになった。

同時に、ヨーロッパやヨーロッパ人に劣等感を抱くこともなくなった。ヨーロッパの国々は、優れた文化や歴史を持っていると同時に、弱点も抱えている。その点は何ら日本と変わらないのだ。のちに私はドイツに赴任して、ビジネスの現場で彼らとやり合うことになった。そしてそれは事実であった。この本を読んでいたおかげもあり、変に肩に力が入ることもなく、対等に彼らとつきあうことが出来たものである。

どう生きるか、どう働くか

一冊の良書は、一人の優れた師と出会ったに値する。

歴史書から学ぶ「中長期的な視点」

物事に対する中長期的な視点を身につけるためには、歴史書が役に立つ。

歴史書を読んでいるとわかるのは、さまざまな事件や出来事は、歴史の流れの中で必然的に起きているということだ。

歴史書を読みながら歴史の流れを丹念に追っていけば、何がターニングポイントになったのか、そのとき何をするべきだったか、なぜそれが出来なかったか、そのためにどうなったか、といったことが見えてくる。

すると、今自分が直面している事態に対しても、大きな流れの中で捉《とら》えようとする意識が生まれる。自分たちが置かれている状況を、俯瞰《ふかん》して眺められるようになる。

場当たり的な対応を避け、中長期的な視点を持って、次の一手を打つことが出来るようになる。

自分の生き方のモデルが見つかる

また歴史書を通じて過去の偉人の生き方を知ることで、自分の生き方のモデルとすることも出来る。

ちなみに私が評価する歴史上の人物は、西郷隆盛と織田信長である。

隆盛は、「敬天愛人《けいてんあいじん》」という言葉を好んでよく使った。

「私が相手にするのは人間じゃない。私が相手にするのは天である」――天を敬い、人を愛する。つまり、天というのは摂理であり、正しいこと、大義である。愛人というのは、周りの人のために、つまり社会のために本当に大事なことをやれということだろう。

明治新政府内における振る舞いを見てもわかるように、隆盛は自分の出世に対しては極めて無欲だった。

己の欲のためではなく、天（大義）に従い、人（社会）のために尽くす。彼こそ本物のリーダーと呼ぶべきであろう。

一方、信長について私が認めているところは、彼が真のイノベーター（改革者）であったところだ。

楽市楽座《らくいちらくざ》や、宗教を政治から徹底的に排除したことなど、世の中を変えるために当時の常識にとらわれない改革を果断に行なった。

また軍事面においても、二万五〇〇〇人の今川義元の軍をわずか三〇〇〇人の兵で打ち破った戦略の最高例である桶狭間《おけはざま》の戦いをはじめとして、鉄砲の積極的な活用や鉄船の建造など革新的な戦法を編み出すことで、いくつもの戦いに勝利している。

私もまた信長のように、真のイノベーターでありたいと思う。

ただし一方で信長は、反面教師にすべき部分もある。

信長が将軍足利義昭を京都から追放し権力を手中に収めて絶頂期であったころ、安《あん》国寺恵瓊《こくじえけい》という僧は、こんな感想を手紙に綴《つづ》っている。

「信長はあと三年、五年は持つだろうが、その後は高転びに転んでしまうことだろう」

それだけ当時の信長は、多くの人の目に驕《おご》り高ぶって見えたということだ。そして恵瓊の予感通り、信長は家臣の明智光秀の謀反によって志半ばにして倒れることになった。

実は改革者というのは、信長のような最期を迎えるケースが非常に多い。そのラジカルさゆえに、多くの敵を作ってしまうことになるからである。

なぜこの人は勝てたのか、負けたのか

歴史書を読んでいると、一人の人間の勝利と敗北の両面を見ることが出来る。

ナポレオンは、騎兵隊を突進させる中央突破・中央深攻という戦略によって連戦連勝を重ねる。だが戦いを重ね、頼みにしていた騎兵隊が消耗するとともに、致命的な敗北を喫するようになる。同じ戦法を続けていたら、やがて通用しなくなるときが来る。

これは日本でも同じで、戦国時代に無敵を誇った武田騎馬軍団も、鉄砲隊の登場とともに歴史の舞台から消え去った。

歴史書を読みながら、なぜこの人は勝てたのか、なぜ負けたのかを考える。それを自分の生き方・やり方に役立てる。

歴史から学ぶとは、そういうことである。

どう生きるか、どう働くか

歴史を学ぶことは、
今を知り、未来に対する洞察力を学ぶこと。

4章

何事もゴツゴツ向かって行け！

足下を掘れ。そこに泉あり。

——フリードリヒ・ニーチェ

これほど、おもしろい仕事はない

私は新人のときに配属になった経営企画部で、「営業に移してください」と上司に直訴《じきそ》し人事異動して以来、ずっと営業畑で仕事をしてきた。

その営業畑の中でも、富士フイルムが主力事業としてきた写真フィルムではなく、印刷機材や磁気材料といった産業材料の分野を歩んでいくことになった。

私は「営業ほど、ダイナミックでおもしろい仕事はない」と思っている。

営業職は、私の性格にぴったり合っていた。

特に産業材料分野は、「写真の技術を使って何か新しいことが出来ないか」ということで立ち上げられた新規開拓分野で、職場には若い人が多かった。一人ひとりに与えられる仕事の幅や責任の範囲も広く、伸び伸びと仕事をやらせてもらうことが出来た。

新規開拓分野だから、営業のノウハウもなければコネもない。教えてもらえる先輩もいない。だからどうやって製品を売っていくか、自分たちで考えてやっていくしかなかった。これが性に合っていたのである。

特に三〇歳になって、「リーダーとして課をまとめる」という役割についてからは、チームのために、会社のために、夢中になって仕事に取り組んだ。〝勝つ〟ためにさまざまな作戦を考えて、徹底的にやり抜いた。

ときには競合相手に顧客を持っていかれることもあったが、しかし一時的に負けることはあっても、必ず最後には何らかの形で取り返していた。

「優れた営業マン」が努力し続けていること

営業でいちばん大切なのは、まずお客さまが何を求めているかを知ることである。たとえばお客さまは、もっと生産性の高い機械がほしいと思っているのか、もっと高品質の製品を作りたいのか、そのニーズをつかむ。

ニーズをつかんだら、お客さまに対して、「うちの製品でしたら、お客さまの課題にこのように対応出来ます」というように、そのニーズを的確に捉《とら》えた価値のある答えを提供する。

相手のニーズは何か、そのニーズにどういう価値を持った答えが用意出来るか。ひと言で言えば、これがきちんと出来る営業マンが、優れた営業マンである。

しかしお客さまが何を求めているかを知るのは、現実にはそんなに簡単なことではない。

お客さまの中には、はっきりと自分の会社のニーズや課題を口にしてくれる人もいるが、そういう情報のほとんどはなかなか表面に現われてこない。「ニーズは何ですか？」とストレートに質問したところで、教えてくれるようなものではない。

だから営業マンは聞き出さなくてはならない。「うちの製品はこれがいいんですよ」といくら説いても、無駄だ。むしろ逆効果ですらある。多くの場合、饒舌《じょうぜつ》な営業マンよりも、口下手で無口な営業マンが成功すると言われるのは、じーっとお客さまの言うことを聞いているからなのだ。

とにかく聞くこと。そうすれば相手の求めるポイントは必ず見えてくる。

「本質」は何か。表面だけの問題でなく、本質的な問題は何かを常に意識することが下である。

大切だ。

こうした努力を怠り、「買ってくれ、買ってくれ」と言うばかりの営業マンは下の

〝勝つ〟ための私の営業スタイル

お客さまについての情報を収集し、作戦を練り、周到に準備をし、そして最後は押しの強さで勝負。私はそんな営業スタイルで案件を獲得した。

こんなことがあった。

何度も営業活動に行ったのだが、なかなか落ちないお客さまがいた。そのお客さまは、「うちはA社の製品を使っているから、あなたの会社の製品は使わない」の一点張りだった。

そこで私はある日、「うちの製品はどこに問題があるのでしょうか。どこを改良すればもっと使えるものになるのか、どうか教えていただけませんか」とお客さまにお願いした。

「買ってください」と言うと嫌な顔をするお客さまは多いが、「教えてください」と言われて、嫌がるお客さまはほとんどいない。

「君のところの製品はね、ここの部分がこうだから、うちでは使わないんだ」

「なるほど、よくわかりました」

その日はそんなやりとりをした。

そしてしばらく経った後、私はお客さまの注文通りに改良した製品を持っていき、

「社長、このあいだ問題点を指摘していただいた例の製品ですが、社長に教えてもらった通りに改良を加えてみました。ぜひテストしてください」

と言った。

こうなると、もうお客さまは逃げられない。「うちの会社のために、ここまでやってくれたのか」という気持ちにもなってくれる。

何度も言うように、相手が困っていることを聞き出し、それに応えるものを持っていくのが正しい営業なのだ。

研究所や工場を動かすのは営業マン

私が社外に対する営業活動と同じぐらいに力を注いだのが、社内での交渉だった。特にメーカーの営業マンはこれが非常に重要になる。

私は先程、「お客さまからニーズを聞き出すことが肝になる」と述べたが、いくらニーズをつかんでも、そのニーズに応える製品を提供出来ないとモノは売れない。その製品を作るのは、研究所や工場の人間である。

だから私はお客さまから情報を得たら、「今、お客さまはこういうものを求めている。だからこの部分を改良しないと絶対に売れないぞ」ということを、必ず研究所や工場の人間にフィードバックしていた。そして、製品の開発や改良を、研究所や工場の人間に強く促していくのである。

メーカーの場合、お客さまが製品を買ってくれるかどうかは、製品の質で勝負が決まる面が大きい。お客さまはその会社の製品の価値を買ってくれているわけだから、営業部隊がどんなに強くても、製品の価値が低ければ、勝負に勝つことは出来ない。

ただし、開発部門や生産部門がどんなに質の高い製品を作ったとしても、お客さまのニーズと合っていなければ、その製品は絶対に売れない。

そこで、お客さまと直《じか》に接しており、現場をいちばん知っている営業マンの存在が重要になる。営業マンがお客さまの声を社内に持ち込み、研究所や工場を動かしていく力が必要なのだ。それも営業マンの仕事なのである。特にメーカーの営業は外へ向かっての仕事を六〇パーセント、内（研究所・工場）へ向かっての仕事を四〇パーセントぐらいやらなければいけない。

だから私は営業ほど、ダイナミックでおもしろい仕事は他にないと思っているのである。

どう生きるか、どう働くか

「本質的な問題は何か」を常に意識することが大切だ。

「答えがない問いに、答えを見つけ出す力」が大切

社会に出て働くということが、学生時代までと大きく異なるのは、教科書的な答えが存在しない問題に直面することの連続になるということだ。

たとえば営業の仕事ひとつとってもそうだ。「こういう場面はこうすれば契約がとれる」といった単純な方程式は、存在しない。

仕事を巡る状況は常に刻々と変化している。時代が変われば人々のニーズも変わるし、技術も進化するし、経済も変化する。また競合他社が打ち出す戦略も変わっていく。そして社内の生産体制や人的資源など、自分たち自身も変化している。

一方で、お客さまも十人十色である。商品に対するニーズも優先事項も、仕事をしていくうえで大切にしていることも、人間的な性格もそれぞれ異なる。

そうしたさまざまな要素が絡み合う中で、営業マンはお客さまから「よし、おまえのところの製品を買おう」と言ってもらうために何をするべきかを、自分で考えて見

つけ出さなくてはいけない。

昨日まで有効だったやり方が、今日も有効とは限らない。あるお客さまには効果のあったやり方が、別のお客さまにも効果があるとは限らない。

戦略を練るときにも、迂回策をとるか直進策をとるか、それとも強行突破を図るか、その都度最適な判断を下していく必要がある。そして迂回策をとるなら粘り強く、直進策なら果断に行動することが求められる。

そのときに必要となるのが、「真の実力」である。

経験から学び、人から学び、読書などを通じて学ぶ。学んだことを試して、さらに学ぶ。その繰り返しだ。そうしてどんな問題が立ちはだかってもびくともしない思考力、瞬時に正しいことを選び取る判断力、そして実際に行動に移す瞬発力……「基盤となる力」を高めながら一生、自分を磨いていかなければならない。

そして答えがない問いに答えを見つけ出し、決めたことをやり通すことによって、結果を残していく。それが仕事というものなのである。そうしたら、ちゃんと人は評価してくれる。

“野性を持つ人間”が革新を作り出す

「線が細いな。真の実力が身についていないな」と見受けられる人が最近、多くなったように思う。

戦後の日本では、ある時期から「学校の勉強さえ出来ればいいんだ。試験で高い点数をとれる人間が優秀なんだ」という価値観がはびこっている。

だから子供たちは、小学生や中学生のころから受験勉強中心の生活を送ることになり、毎日が家と学校と塾の往復になっている。本もあまり読んでいないから、自分が生活している狭い世界のことしか知らない。

しかも学校の勉強は、あらかじめ答えが用意されているものばかりである。だから学校の勉強だけをしても、答えのないなかで答えを見つけ出す力は鍛えられない。

また日本社会全体が均質化しているために、多様な人のなかで揉まれるという経験も不足している。

私の小中学校時代などは、同じクラスのなかにサラリーマンの子供もいれば、工場や商店や農家の子供もいた。さまざまな家庭環境で育った子供と一緒に遊んだり学んだりするなかで、自分を鍛え上げることが出来た。

ところが今は進学校に進学すると、ほとんどがサラリーマン家庭で育った子供たちばかりだ。周りにいる人間が、同じような家庭環境や価値観を持つ人ばかりでは、個性的でたくましい人間は育ちにくい。

そして均質的な環境のなかで育った若者が、学校を卒業して会社に入ってくる。だから、優等生で学校の勉強は出来たのだろうが、実践力が充分でなく、かつバイタリティに欠ける社員が多くなっている。

こうした社員ばかりで構成されている会社は、非常にもろい。

たとえば、ある会社が事業不振に陥り、このままだと倒産するかもしれないという危機に直面したとする。

そういうときは、自分が培ってきた知識や知恵を総動員させて、自分で答えを見つけ出すしかない。そして答えを見つけたら、それをやり抜く決断力や行動力や胆力が、不可欠となる。

線が細く、真の実力を身につけていない社員ばかりが集まっている会社で、「果たしてそれが出来るか」ということであり、実際には出来ないだろう。

私が若手社員や中堅社員だったころには、「上司の言うことなんか、聞いていられるか。俺は俺のやり方でやる」という異端児が一人か二人は部署にいたものだ（私もその一人だったが）。

ただしそういう社員に限って、クセはあるが仕事が出来たりする。自分の力で考え抜き、やり抜く力がある。だから組織がどうしようもない難問に直面したときなどに、局面を切り拓いていったのはこうした異端児だった。

今の多くの日本企業に欠けているのは、そうした知性とともに野性を持った人材である。

うまく〝遊び〟ながら自分を伸ばせ

線の細い若者が増えてきた傾向にあるもうひとつの理由として、私は子供時代の遊びが足りないことも軽視出来ないと感じている。

その点、私は恵まれていた。

終戦によって満州から日本へ引き揚げたあと、私は両親の故郷である長崎県で少年時代を過ごすことになった。長崎は海も山も豊かな地であり、私は毎日、仲間たちと野山を駆け巡ったり、海で素潜《すもぐ》りをしながら、日が暮れるまで遊んでいた。

遊びのルールも自分たちで作ったし、喧嘩になったときなどのトラブルも自分たちで解決した。またちょっとした危険を伴った冒険もずいぶんとやった。

そういうなかから、自分が生きていくうえでベースとなっている基本的な人間関係力や挑戦心、克己心、あるいは野性的な勘が磨かれていったと感じる。

また群れで遊んでいると、子供たちは集団のなかでの自分の役割をそれぞれ見つけ出すようになる。

私は体が大きく典型的なガキ大将だった。しかしなかにはいつもひょうきんなことを言ってみんなを笑わせる子供もいれば、体は弱かったが知恵が回るので一目置かれていた子供もいたし、常にガキ大将にくっついて歩いている子供もいた。

自分が集団のなかで生き残っていくためには、何を武器にしなくてはいけないのか、みんな子供ながらに必死で考えていたということだ。社会集団のなかで生き抜く力も、遊びを通じて自然と育まれていった。

子供の遊びほど、さまざまな力を総合的に鍛え上げられるものはないのだ。

ところが、私の少年時代と比べると、今は少子化によって子供の数が減っているので群れで遊ぶのが難しくなった。また遊びといっても、大人から与えられたおもちゃで遊ぶのが中心になっている。物質的には恵まれているかもしれないが、遊びという面では貧しい環境におかれている。ある意味、不幸であると言える。

私は、何事にもゴツゴツと向かって行けるような強いバイタリティを持った若者が減っていることを危惧しており、そういう若者が出てくることを期待しているのである。若い人はそういうことを意識して、自らいろんなことを経験し、いろんな世界に飛び込んで行って体験すべきである。たとえば外国留学等、よい経験になるであろう。

どう生きるか、
どう働くか

小手先のテクニックでなく、

「総合力」を高めよ。

そのために自ら求めていろんな体験をせよ。

最大の敵は〝自分自身〟

私は、だからといって、今の若い人はダメだとは思っていない。自分を鍛え上げられる環境に自ら飛び込む勇気さえあれば、これからいくらでも力をつけることは充分に可能だ。

その代表例が、日本を飛び出して世界で戦っている、野球選手やサッカー選手たちだ。彼らの精悍《せいかん》な顔つきを見ていると、今の時代にも戦う日本人の顔が残っていると感じる。

あるときテレビを観ていたら、サッカー日本代表の本田圭佑《けいすけ》選手が出ていて、学生たちの質問に答えるという番組をやっていた。

ある学生が「強さって何ですか？」と本田選手に質問した。

本田選手は一分ぐらい考えたあとに、「自分に勝つことかな」と答えた。

その通りである。

人生は戦いの連続だが、最大の敵は自分自身である。大きなチャレンジを目の前にしたとき、人は心の中に「本当に自分はこれを成し遂げることが出来るのだろうか」という恐れが生じる。私にも経験がある。

その恐れに屈すると、他人と勝負をする前に、自分との勝負に負けてしまうことになる。ゴルファーが、ここで決めれば勝てるという場面で、パットを外して自滅してしまうときなどは、その最たる例である。

だから戦いに勝つためには、まず自分に勝たなくてはいけない。己の心の中にある弱さに打ち克たなくてはいけない。

本田選手はまだ若いが、すでにそのことがわかっている。彼が代表戦において圧倒的な勝負強さを発揮出来るのは、世界と戦う中で、技術や体力だけではなく、心の強さも鍛え上げていったからだということがわかる。

伸び悩んでいる人が変わるきっかけ

今の日本は、蛇口をひねれば水もお湯も出てくるし、腹が空いたときにはコンビニエンスストアに行けばすぐに空腹を満たすことが出来る。

もちろん技術やサービスが高度に発展しているのは悪いことではない。しかし若者が生きる力を鍛えていくという意味では、ぬるま湯のような社会になってしまった。

だからこれからの時代の若い人にぜひすすめたいことのひとつは、日本から外に出てみることだ。自分を磨くためにどんどん海外に出ていくべきである。仕事でも留学でもいいから、出来ることなら一度は海外生活を経験したほうがいい。

富士フイルムでも、三〇代や四〇代の中堅社員のなかで見込みのある人間を、あえて海外の苦労するところに現地法人の社長や経営幹部として送り込むということをやっている。

そこでは、文化も価値観も商慣習も異なるなかで、現地採用の人たちをマネジメントしていくことが求められる。なおかつ、売上や利益の達成に対する責任をとらなくてはいけない。問題があれば、何もかも自分で解決しなければならない。だから相当に鍛えられる。そして赴任期間を終えて日本に帰ってくるころには、見違えるようにたくましくなっている。

私は甲子園で繰り広げられる高校野球を見るのが好きだ。それは、球児が、体も強く、心も強く、技術も素晴らしいからだ。本当に鍛えられているのが、キリッとした顔つきから窺える。実にいい表情をしている。立派な教育だと思う。「甲子園」は本当に、厳しい戦いという場を若い人に与える。

若い世代の人で伸び悩んでいる人は、ぬるま湯の中で暮らしているために、その潜在能力を開花出来ずにいるに過ぎない。

だから真の実力をつけたければ、あえて自分を鍛えられる環境に身を投じることが大切になるのだ。厳しい環境の中に逃げずに飛び込んで行くことをすすめる。

海外で認められるには

ちなみに私自身は、五〇代半ばになって初めて海外勤務を経験することになった。その年齢になってからでも、学んだことは数多くあった。

一九九六年、私は富士フイルム・ヨーロッパの社長としてドイツのデュッセルドルフに赴任した。そこで痛感したのは、欧米では自分の考えをきちんと主張しないと、相手は決してこちらの存在を認めてくれないということだ。

「何も言わなくても、こちらの考えや立場を察してほしい」というメンタリティが日本人にはあるが、それは欧米では通用しない。

何も言わないことは、意見を持っていないか、議論を戦わせるだけの論拠がないか、あるいは相手の主張を全面的に認めていることを意味する。自己主張をするだけの能力や勇気がない人間だと見なされる。

これでは日本人は、欧米人との交渉や戦いに勝つことは絶対に出来ないし、尊敬も得られない。事実、現地の日本人社員はおしなべておとなしく、交渉相手に一方的に押しまくられて黙している場面がしばしば見受けられた。

私はもともとはっきりとものを言うタイプだったが、率先垂範《そっせんすいはん》で彼らと渡り合うことになった。するとわかったのは、こちらが明確な根拠と論理のもとにぶれずに自分の意見を主張すると、相手もこちらに理解を示し、歩み寄ってくれるということだ。互いの信頼関係に基づいた真のパートナーシップが生まれるのは、そこからである。

世界を相手に、日本人としてどう戦えばいいのかを経験出来たことは、私にとって貴重な機会となった。

「日本という国」をクリアに見てみる

海外で生活していると、日本という国を外から客観的に見るという視点も得られる。

たとえば、私がちょうどドイツに赴任していた時期に、日本では地球温暖化防止策を協議する国際会議が開催された。会議では、参加各国が温室効果ガスの削減目標を設定した京都議定書が締結された。

ところが成長著しい中国は最初から参加しておらず、アメリカは議定書に署名したにもかかわらず途中で離脱した。そして日本は、議長国であるという立場上、会議を成功させなくてはいけないという条件下で、高い削減基準を自らに課すことになった。

温暖化防止への貢献は大切なことではあるが、ドイツという離れた場所から会議の過程を眺めていると、日本がいかに交渉が下手か、むきだしの利害がぶつかり合う国際交渉の場においてどれだけお人好しであるかがよくわかった。海外にいるからこそ、日本という国がクリアに見えてくるのだ。

日本の国内だけで仕事をしていると、世界の中で日本がどのように見えているのかを知るのが難しくなる。私自身、ドイツから日本に帰ってきたばかりのときに、国内だけしか経験してこなかったときと比べて、自分の視野が広がったことを感じたものだ。

だから多様な視点から物事を見る力をつけるという意味でも、出来ることなら海外生活は一度経験するのが望ましい。

たとえそういうチャンスが得られなくても、今はインターネットを使えばどんな情報でも得られる時代だ。日本国内だけでなく海外のニュースなどにも目を向けて広い視野を養ってほしい。

どう生きるか、
どう働くか

真の実力は
世界の厳しい環境の中でこそ身につく。

5章

リーダーは〝五体〟を使え

一頭の羊に率いられた百頭の狼群は、
一頭の狼に率いられた百頭の羊群に敗れる。
——ナポレオン・ボナパルト

リーダーとして人の上に立つときに

その人のパフォーマンスは、その人物の人間力のシグマ（総和）によって表わされると、私は考えている。

ある人がこう尋ねた。

「トップに立つ人間が、絶対にこれだけは持っておかなくてはいけないという能力や資質がひとつあるとすれば、それは何でしょうか。どうやってそれを身につけることができるのでしょうか」

私は、次のように答えた。

「ひとつだけと言われれば、それは使命感だ。しかしリーダーは、何かひとつ優れた能力や技術を身につけたからといって、それだけで務まるようなものではない。だから私は、常に人としてのトータルな力を磨くことを心がけてきた。それが、今の自分の土台になっている」と。

「頭」「心」「腹」「目」「耳」「鼻」「口」……すべてを動かせ

人間力のシグマ（総和）とはどういうことか。

まず組織のリーダーは、たとえば周囲の様子が何かいつもと違うというふうに、あらゆる情報からその変化を敏感に嗅ぎとる「鼻」や、事実を見逃さない「目」、聴きとる「耳」を持っていることが大切になる。さらには肌で感じるとか、第六感というものも大事だ。

リーダーのもとには、日々さまざまな情報が集まってくる。一見、ありふれたように見えるものの中から、「何かおかしいぞ」などと危機を感じとる嗅覚や視覚や聴覚が不可欠だ。

もちろんネガティブな情報だけではない。新しいビジネスの可能性といったポジティブな情報を察知することも大切になる。

また工場や店舗といった現場に足を運び、現場から生の情報をつかみとること、フットワーク軽く率先して行動すること、すなわち普段から「足腰」を強くしておくことも大切になる。

情報は生き物である。鮮度が大事だ。充分な情報が得られてから判断するのでは、遅いことが多い。不完全な部分的な情報から、その情報の本質をつかむことが大事なのである。

情報を得たら、その中からその本質を抽出し、組織として何を行なうべきかを判断するための「頭」は、もちろん必須の能力である。本質を見抜く。先を読む。構想する。マネージする。こうしたリーダーの「考える力」が弱ければ、当然、組織は生き残ることが出来なくなる。

ただし、いくら頭がよく、足腰を鍛えており、目や耳や鼻が利くとしても、それだけではまだ不充分である。「心」がない人はリーダーになってはいけない。

「心」とはハートがある、すなわち心が開いているとか、愛情や慈しみを持って人に接せられるか、ということである。これがなければ、人はついてこない。「足腰」とは行動力であり、現地・現場主義に基づく実践力である。実行なくしては何もなし得ない。

部下が失敗すれば厳しく叱る。これは当たり前のことだ。部下をやっつけるために叱るわけではない。その壁を乗り越えなければ、成長しないからだ。

厳しいことを言ったあとは肩をトントンと叩いて、「君ならわかるだろう」とフォローするだけでいい。これはテクニックではなく、人間とはそういうものだ。

では頭と心、足腰や耳や目や鼻が備わっていれば及第かというと、残念ながらまだ足りない。「腹」がいる。腹とは、「腹が据《す》わっている」という言葉がある通り、勇気や度胸や覚悟を持って決断することである。

どんなに頭を使って深く考え、心を十全に働かせて判断したことでも、それがうまくいくかどうかは、やってみなければわからないということが仕事には必ずあるものである。すると腹が据わっていない人は、勝負どころで迷うことになる。迷いは、判断や決断を誤らせることにつながる。結局「決められないリーダー」ということになる。

リーダーは、覚悟をして決断する、すなわち腹が据わっていることが求められるのだ。

さて、頭と心と腹を使って決断をしたら、次は「口」の出番になる。部下に対して、「置かれている状況はこうだ。課題を解決し、よりよい方向に進むために私はこういう決断をした。みなもこの決断に基づいて各々の立場で任務を果たせ」ということを、説得力のある言葉と姿勢で伝えられるかどうか。それが、人を動かす肝となる。

説明が出来る。説得が出来る。あるいは組織が向かう方向を明確に述べることが出来る。つまり、そういうコミュニケーション能力、これも必要だ。

そして実際に物事を進めていくときには、あの手この手を用いて目標を達成すること、すなわち「手＝技術」も重要である。

さらに最後に必要になるのは「腕」、つまり腕力である。腕力といっても、殴るとか、相手を強引に屈服させて抑え込むということではもちろんない。出来ればその人の持っている信頼感や魅力で、そうでなければ有無を言わさずに部下を引っ張っていくということだ。

リーダーが「オレを信じてついてこい」と部下に言うことが出来、部下も「この人が言うのだからついていこう」と思えるような関係が出来ている組織は例外なく強い。

得意な分野を伸ばせるか、弱い分野を補強出来るか

頭、心、腹、目、耳、鼻、口、腕、手、足腰……。リーダーたらんとする者は、何といくつもの能力を身につけておく必要があるか、おわかりいただけただろうか。これらすべての力の総和によって、その人物のリーダーとしての人間力が測れるのである。私はこれを「ビジネス五体論」と呼んでいる。リーダーにだけではなく、どんな人たち（ビジネスマン・政治家・研究者・学者 etc.）にも当てはまることである。

もちろんこれらの諸能力が、最初からすべて備わっている人など存在しない。「頭はいいのだが、人を思いやる心が足りない」「心は備わっているのだが、腹が出来ていない、決断出来ない」というように、人には得手不得手がある。

だからこそ自分の得意な部分はさらに伸ばし、弱い部分は補強していくことが大切になる。

リーダーとしてよい仕事が出来るか、豊かで充実した人生を送れるかどうか。それは、この努力をいかに続けてきたかによって決まるのである。私が全人間的な能力を

磨くことを心がけてきたのもそのためである。
よりよきリーダーになるための近道などはないのだ。

どう生きるか、
どう働くか

リーダーの「器」が組織の盛衰を決める。
頭、心、体など総合的に鍛え、自己を高めよ。

「決断力」を養う

リーダーには、前述したように、トータルな人間力が求められる。頭、心、腹、目、耳、鼻といったすべての能力が必要になるのだが、危機に直面したときに特に重要なものがあるとすれば、それは「腹」だと私は考えている。腹とは先程も話した通り、正しい判断に基づいた「決断する力」のことである。

もし状況が平時であれば、リーダーの決断力はそれ程は必要とされない。決められたオペレーションに沿って滞りなく物事を進めることが出来、「みなさんで仲良くやりましょう」という調整型のリーダーであっても仕事は出来るだろう。

しかし、たとえば富士フイルムが二〇〇〇年以降に襲われたデジタル化による写真フィルム市場の急激な縮小という本業消失の危機のときのような大嵐の中においては、これではすまない。

大げさな表現ではなく、私は「大戦前夜」という危機感を持って社長職に就いた。

そして大戦直前ということになれば、私が何も決断しなければ、会社という船はやがて荒れ狂う海原の中で大波に飲み込まれて転覆することになっただろう。

有事となると、話は別なのだ。

火事が発生したときに、どうやって火を消すかについて、みなで話し合って多数決で物事を決めていたら、火はあっという間に燃え広がり、取り返しがつかないことになる。

リーダーの決断力は、こうした有事のときこそ不可欠になる。火事で言えば、出火の被害を最小限に食い止めるために、機を逃さずに迅速かつ大胆に決断を行なうことが重要になるのだ。

成功者はみな〝腹のくくりどころ〟を知っている

組織が決断を下さなくてはいけないとき、それが出来るのはリーダーだけである。どんなに優秀なナンバーツーでも決断は出来ない。これがナンバーワンとナンバーツーの違いだ。

たとえば、戦国時代で言えば、豊臣秀吉には竹中半兵衛や黒田官兵衛、徳川家康には本多正信といった優れた参謀がおり、軍略を練るうえで彼らは大いに力を発揮した。しかし決断については、最終責任者であるトップが自分で下すしかない。

優秀な部下が上げてきた情報や進言はたしかに参考になる。しかしだからといってリーダーは、目や耳や頭を使うことを部下に任せてしまうわけにはいかない。秀吉も家康も、最後は自分で決断した。最終的な決断をする権限や責任は、ナンバーツー以下には与えられていないからだ。

この決断をするときに大切になるのが、腹が据《す》わっていることである。腹が据わっていなければ、勇気や覚悟を持って決断することが出来ないし、また決断をしたあとにもあれこれと迷いが生じ、組織を迷走状態に陥らせることになるからだ。

これをたとえて私は、トップは「真剣」の勝負であり、ナンバーツー以下は「竹刀」の勝負と言っている。

私は自分が決断を下すときには常に、百にひとつも間違わない覚悟で臨んできた。ただしもちろん、神ではないので、すべてを見通したうえで決断が出来るわけではない。その時点では、どんなに考えてもわからないこともあるし、見えないこともある。

こんなときいちばんやってはならないことは、決断の先送りである。トップの判断の遅れは、重大な結果を招来することがあるからだ。

決断力は、リーダーに絶対に欠かせない能力である。ただし決断力はそれ自体が単体で独立しているものではなく、情報収集力や分析力、思考力、責任感などをベースにして成り立っているものである。

結局のところ求められるのは、「五体」の力の総和なのである。

他にも必要なものは色々ある。教養も必要だ。歴史、哲学の勉強もしなければならない。それにより培われる大局観や歴史観が大きな決断のベースとなる。社会の動きや流れも知っていなければならない。

つまり、生半可な人間はリーダーなんてやらないほうがいいのだ。

リーダーがやるべき四つのこと

決断には、勇気を持って何が起きているか事実を直視することが必要だ。まず第一に行なうことは、置かれている状況を限られた時間、限られた情報から冷徹に把握する「読み」、そして将来を正確に予測していく「読み」だ。情報の表面を読むだけでなく、その背後にある本質をつかまなければならない。

次に、やるべきことの優先順位を決め、これから何を行なうのかの具体的プランを「構想する」。その際には必ず数字で考えないといけない。経営は数字なのである。数字でシミュレーションする。そして何を優先しなければいけないのか、プライオリティを決める。そしてそのアクションのテンポとスケールを決める。これは「読み」が出来ていれば自ずとはっきりする。

その後にすべきことは、明確なメッセージとして部下に「伝える」ことだ。明確な状況認識と作戦とゴールが示され、一人ひとりが強い自覚を持つことで、組織はその方向に動き出す。メッセージの伝え方も効果的な方法を選ぶべきだ。

そして、プランを定めたら確実に「実行する」のだ。決断したところで、実行につながらなければ何の意味もない。リーダーは陣頭指揮を執り、率先垂範《そっせんすいはん》することが重要だ。「誰もついてこないのではないか」と考えるようでは、その不安が伝播して周囲は戸惑ってしまう。それまでの「読む・構想する・伝える」のプロセスが出来ていて、自分が率先して推し進めることで部下は自然とついてくる。この「実行」を確実に行なうことがリーダーの要件だ。

そして最後に、リーダーは組織を成功へと導く。「読む」「構想する」「伝える」「実行する」というすべてのプロセスは成功するためにあるのだ。成功させてこそ真のリーダーである。成功させなければリーダーではない。

どう生きるか、
どう働くか

リーダーに必要なこと
「読む」「構想する」「伝える」「実行する」
そして「成功させる」。

優れた経営者は〝心〟を持っている

私はさまざまな企業の経営者にお会いすることが多いが、優れた経営者はちょっと話をすると、「この人は〝心〟を持っているな」とすぐに感じとることが出来るものだ。

「社会・社会の公器としての会社・組織に対する使命感・責任感と、国民や社員に対する思いと、その両方を背負いながら仕事をしている」という匂いが、言葉や態度の端々から漂ってくるのだ。

しかし中には匂いがしない経営者もいる。若い経営者の中には、社長の職に就いたときには匂いがしなくても、一年も経てば見違えるように変貌する人もいる。だが残念ながらずっと変わらない人もいる。そういう経営者はだいたい会社をダメにするし、短命に終わる。

上に立つ人間は、人間に対しての共感や責任感、広い意味での愛・思いやり、人を受け入れる力とかそういうものがないといけない。経営者にとってなくてはならないものは、やはり心だ。こういう力がない人は社長になってはいけない。

モチベーションを高める最大のトリガー

「心」を持っているかどうかは、リーダーとしての器を判断するときの絶対に欠かせない条件となる。

心というのは私の解釈で言えば、誠実に生きるということ。それは社会や会社、社員に対する愛情や責任感、使命感といったものである。そしてさらに、会社に対しても、社員に対してもフェアでなくてはならないのである。心が欠けている人は絶対にリーダーになってはいけない。また、正しいことを、フェアなことをやらなければいけない。社会に対しても、あるいは競争相手に対してもフェアであることが大事だ。

しかも賢くやらないといけない。そして、それを実行・完遂するには強さがいる。また、それに加え、優しさがないといけない。人に対する愛や会社に対する愛がないとダメだ。人間に対しての優しさや思いやりを持つこと、こういうことが心であり、人の気持ちが理解出来るということだ。

心が欠けているリーダーは、「自分だけが利益を得られればいい。生き残ればいい」という身勝手な判断をしがちだ。全体のことを考えている使命感のある人間というのは、それなりの風格があり、匂いがする。「もっと社会の役に立ちたい」「もっと社員に幸せになってほしい」という心は、決して忘れてはいけないものだ。

私はこの使命感こそ、自分自身のモチベーションを高める最大のトリガー（引き金）だと思う。

どう生きるか、どう働くか

リーダーは社会に対する使命感と責任感さらに愛情や思いやりを持つことが大切。

6章

課長よ、先頭に立って戦え！

勝つことは習慣になる。
あいにく負けることも同様だ。
——ビンス・ロンバルディ
(アメフトの名コーチ)

「課長の行動力」がなければ組織は勝てない

私自身のビジネス人生を振り返っても、社長のときと課長のときがもっともよく働いていた。

社長のときは、「会社のために命を賭ける」という強い覚悟で事に臨んだ（もちろんその覚悟は、会長になった今も同じだが）。また課長のときは、現場の第一線に立って、部下と一緒に泥まみれになりながら戦っていた。銀高騰のシルバーショックのときなど、一～二カ月ろくに休まずに働いた。

これが部長時代はどうだったかというと、少し離れた高い場所から自分の部署を見渡しながら、より戦略的な視点から指示を出すという仕事が増えた。

ところで、組織における社長の役割は、戦うべきターゲットを定め、勝つための戦略や戦術を立てることである。トップがレベルの低い戦略や戦術しか立てられなければ、どんなに現場が優秀でも戦いに勝つことは出来ない。トップに課せられる責任は極めて重い。

一方、どんなにトップが優れた戦略や作戦を立てたとしても、現場が動かなければ、力を発揮しなければ、戦いは成立しない。その現場を指揮するのが課長である。

つまり社長の戦略・戦術策定能力と、課長の戦術策定能力・戦闘遂行能力の両者が備わっていることが、勝ち続ける組織の条件となるのである。

フロントライン(前線)の強さの決め手は?

「課」というのは、企業が戦ううえでの〝戦闘の単位〟である。会社全体で戦ってはいても、営業や生産、研究あるいは間接部門等すべての現場、あるいは現実と直面する第一線でガチンコ勝負しているのは、「課」という戦闘隊なのである。

いい司令官がいて、いい戦略、いい武器も大事だが、いちばん大事なのは戦う第一線の兵隊、つまり「課」の指揮であり、遂行能力である。それを率いて戦っている「課長」が自分から真っ先に飛び込んで戦っているかどうか。これがフロントライン(前線)の強さの決め手になるのだ。

企業というのは、決してトップの戦略だけで勝てるものではない。戦略は特に大事なことだけれど、それを遂行する現場において兵隊が強くなければ戦えないし、勝てない。そういう意味で課長というのは非常に重要な役割である。

金曜の晩からの定例合宿で

課長時代の私が、チームを動かすためにもっとも心がけていたのは、常に自分がいちばん先頭に立ち、部下と一緒になって現場で働くということだった。自分だけは一段高いところにいて、口先だけで命令を下したとしても、部下がついてきてくれるわけがないからだ。

私は課長や部長だったとき、月に一回くらいの割合で部内に関係する営業と製造、研究所のメンバーを集めて合宿を行なっていた。

金曜日の午後にホテルに集まり、自分たちの事業の現状や課題について、みんなで意見を出し合って議論する。夜の一〇時ぐらいからは酒を酌《く》み交わしながらの議論となり、それが夜中まで続く。そして翌朝もまた議論を行ない、解決策を出してから夕方に解散するというのが、毎月の流れだった。

これを行なうことのメリットは、メンバー間での問題意識や情報の共有が容易になることだ。

チームは今どんな問題を抱えているか。その問題を解決するためにチームとしてどんな戦略・戦術で臨んでいくか。そのときに一人ひとりはどういう役割を担っていくか。

こうしたことを週末の合宿を通じてメンバー全員が共有化する。すると翌週の月曜日から、問題解決に向けて、チームで一丸となってすぐに動き出すことが出来るようになるのだ。


課長は真っ先に飛び込んで戦え。

チームのマネジメントに必要な「五つの力」

大学時代、私はアメリカンフットボール部に在籍していた。アメフトを経験したことは、会社に入ってリーダーや経営者として組織を引っ張っていくうえで大いに役立っている。アメフトと企業経営は、共通点が多い。

もともと私は、「頭だけではなくて、体も鍛えなくてはいけない」と考え、子供時代からスポーツに専念し、大学に入っても何かスポーツをやろうと決めていた。

アメフトを選んだのは、選手同士がガチンコで相撲の申し合いのようにぶつかる、相手をはね飛ばすかやられるか、そんな激しい真剣勝負だからだ。

厳しいスポーツのほうが、体も心も鍛えられるはずだと思ったのである。

実際に体験したアメフトは、私の想像をはるかに超えるハードなスポーツだった。

入部して最初の練習で、他の選手と初めてコンタクトをしたときの衝撃は強烈で、今でも忘れられない。

アメフトでは、選手同士が頭と首と肩で思いっきりぶつかり合う。私は少年時代に柔道をやっていたこともあって、格闘技は決して初心者ではなかった。しかしガーンという脳天を突き抜けるような激しい衝撃は、これまでにまったく経験したことがないものだった。

「このスポーツは、力がなければどうにもならない。小手先だけの動きでは通用しない」

と悟った。

東大生だからこそ必要だった「闘魂」

アメフトでは、「闘魂」「力」「スピード」「戦略」「チームワーク」の五つの要素が不可欠になる。

まず「闘魂」だが、あれだけ激しいコンタクトゲームは、「やってやるぞ！」という気迫がないとやれない。これは体格面において私立の強豪校の選手に劣る東大生には、とりわけ重要な要素となる。

特に私が大学に入学した一九五九年当時は、戦争が終わって十数年しか経っておらず、社会はまだ貧しかった。食べ盛りのいちばん大切な時期に、充分な栄養を摂れないままに育った学生がたくさんいた。ついその三年ほど前までは、旅館に泊まるにも、米を二合持参しないと泊めてくれない。配給通帳でお米の配給を受けていた、そんな時代だった。

だから試合に臨むときには、私は文字通り、戦に出陣するような気分だった。どの試合もほぼ間違いなく厳しい戦いになったし、「ひとつ間違えば死ぬかもしれない」という恐怖感すらもあった。

それを克服するには練習しかない。泥んこのグラウンドで練習するから、泥だらけの顔を泥水で洗う。肋骨にヒビが入って、二〇〜三〇秒気絶しても、病院にも行かずに治す。体中、生傷だらけだった。

そういう練習をしてきたから、今日は戦ってやる、戦って、戦って戦い抜くんだという気迫を込めていつも臨む態勢が出来ていたのである。

アメフトで培った「本当のチームワーク」

相手に強くぶち当たっていく「力」や、素早く走り抜けていく「スピード」も強化しないと、強豪校には太刀打ち出来ない。

さらにアメフトはチームスポーツであるから、「戦略」や「チームワーク」も必須の要素となる。

戦略とは、相手と自分の力の分析の中での基本的なゲームプランと、刻々と変わる試合状況の中で、チームとしてやるべきことを臨機応変に構築していく力のことである。

今は中央突破をすることで局面を打開してチームを前進させるべきタイミングか、それとも時間を稼いでしのぐべきときかといったこと等を適宜判断して、的確なフォーメーションを組んでいかなくてはいけない。

アメフトでは試合中にボールを持つ人間が倒されればそこで時計が止められ、ワンプレイで中断する。選手はその合間に集まって短時間で戦略を練り直すことになるため、他のチームスポーツと比べて、戦略の幅が広いのが特徴だ。

残り時間とボールの位置の関係で時間つぶしのプレイでいくか、押し込んで行くのか、もしくは最低でも点をとるためにフィールドゴールを狙うか、瞬時に戦略を立てる。そのぶん戦略が勝敗を左右することも多い。

またチームワークとは、みんなで和気あいあいとやるということではなく、プレイごとにメンバー一人ひとりに明確な役割が与えられ、それぞれの選手がその役割を果たすことで、有機的に機能するチームを作るということである。

特にアメフトの場合はそれぞれのプレイヤーのアサインメント（職務の割り当て）がプレイのひとつごとに全部きちんと決まっているため、完全にチームワークのスポーツであると言える。

「闘魂」「力」「スピード」「戦略」「チームワーク」の五つの要素が重要であるのは、経営においてもまったく同じである。部長や課長が自分のチームをマネジメントしていくときにも、この五つの要素を押さえておくことが非常に重要になる。

私は課長としてチームを引っ張っていたときも、また社長として会社全体を束ねていたときも、常にアメフトで学んだ五つの要素をベースに戦ってきたと感じている。

日本の組織に〝この力〟が加われば最強になる

組織が逆境にあるときほど、「自分たちは絶対に屈しない」「何があってもこの苦境を乗り切ってみせる」という闘魂が不可欠になる。

日本の組織のいちばんの強みは、ある目標に向かって一致団結したときに、個で戦っている以上の力が出ることである。ラグビーでよく言われる「One for all. All for one.」（一人は全員のために、全員は一人のために）という思考が、日本人のメンタリティの中にしっかりと根づいているからだろう。

水泳のような個人競技でさえも、オリンピックのような舞台になると、チーム全体で一人の選手を応援し、一人の選手もチームのために戦うという光景が見られる。だから大舞台でも、普段以上の力を発揮することが可能になる。

しかし一方で日本企業の中には、明確な戦略を持たないまま、場当たり的に戦っている組織も少なくない。

また、物事を決めたり、行動に移すときのスピードという点でも問題がある。テンポが遅い。本当に大事なことを即刻やらないことも多い。そのため海外のライバル企業に一歩も二歩も後れをとることになりがちだ。

さらには、一人ひとりのアサインメントが不明確なまま、仕事が進められるケースも多い。

だが日本の組織は、「One for all. All for one.」という優れた長所を持っている。だからこそ、そこに「戦略」や「スピード」、一人ひとりに明確な役割を与えるという意味での「チームワーク」や、さらには「闘魂」「力」が加わったとき、最強の組織になるはずである。

どう生きるか、
どう働くか
「闘魂・力・スピード・戦略・チームワーク」
五つの要素は企業経営にも必要である。

どんなに厳しくても、こんな上司に部下はついてくる

私は課長時代、部下から見ればかなり厳しい上司だったと思う。スパルタ式で部下と接していた。部下が失敗したときには「何をやっているんだ」と怒鳴りつけることも多かった。

しかしそれでも部下はついてきてくれたし、多くの部下が私のもとで成長を遂げてくれたと思う。

私自身も体を張っていたし、私が部下のことを真剣に考えて叱っていることを、部下も感じとってくれていたからだろう。

こういうことを自信を持って言えるのは、私自身が、厳しい上司の下にいたときがいちばん伸びたからだ。

アメリカのプロのアメフトの試合をテレビでよく観るが、優しい監督のチームはみんな弱い。やはり厳しそうな監督がいるチームは強い。アメフトは一種の格闘技なの

で、そういう傾向が余計あるのだろう。

部下を叱り褒める〝ハッパ〟のかけどころ

上司が愛情を持って部下を叱るときというのは、部下に伸びてほしいと思うときだ。部下を指導する際には、「君はこういうところが足りない」「こういうことをやらないと今後伸びない」と、正しく導いてやる必要がある。ときには、厳しく叱りつけることや、怒鳴りつけることも必要だ。「馬鹿もの」「何しにきたんだ。顔洗って出直してこい」などと私も言っていた。

そして、そのうえで上司は、部下の仕事をきちんと正しく評価し、ときには、「君の仕事はよかった」と褒めてやることも重要だ。

基本的に私は、人間関係はみな信頼で成り立っていると思う。お客さまとの間もそうだし、部下との間もそうだ。

前にも述べたが、昨今、嫌われるのを恐れて、部下を叱る上司が少ないという話を聞く。しかし、それは間違いだ。本当に部下のことを考えていれば、叱るべきときに叱る必要がある。部下を鍛えてやろうという愛情を持って接すれば、部下もわかるはずだ。逆に優しいだけの上司は部下の成長に対し、無責任であると言える。

部下に対してフェアであること

また私は、どんな部下に対してもフェアであることを心がけてきた。個人的な好き嫌いや相性で部下を評価せず、常に公人であることを意識した。

特に細心の注意を払ったのが、年二回の人事考課のときである。

印刷システム部の営業課長をやっていたときは、私は六〇人前後の部下を抱えており、年に二回の人事考課のときは大変だった。昼間は自ら営業の仕事で走り回っているから、人事考課に着手するのは夜遅くになる。

人事考課は、適当にやろうと思ったらいくらでも端折《はしょ》ることは可能だ。しかし私の評価がその人の人生を左右するかもしれないと考えると、とても手を抜くことは出来なかった。評価・査定のために二晩続けて徹夜したこともある。

スパルタ式でぐいぐい部下を鍛え上げるが、決して部下を突き放したり、見放すようなことはしない。そして誰に対してもフェアに接する。私は課長時代、そういうスタイルでチームを率いながら、部下と一緒に現場の最前線で戦っていた。

どんなに部下をスパルタで鍛えても、決して見放さない。「おまえに期待している。だから頑張れよ」。こういう気持ちをこちらが持っていれば、相手は応えてくれるものだ。

どう生きるか、どう働くか

誰に対してもフェアに接する。
スパルタで鍛えても、決して見放さない。

7章

先を読み、決断出来る人になれ

絶対に屈服してはならない。
絶対に、絶対に、絶対に。
——ウィンストン・チャーチル

「氷山の一角」から「氷山全体」をイメージする力

現実を正しくつかまえ、決断する。その大切さを伝えているのは、英国元首相ウィンストン・チャーチルが著した『第二次世界大戦』だ。四〇歳くらいのときに読んだが、非常に勉強になった。

この本は、国際情勢や戦況が目まぐるしく変化するなかで、今自分たちがおかれている状況をどう分析し、今後の事態の推移をどう予測し、そしてどう決断を下したかを、第二次世界大戦当時イギリスの首相を務めていたチャーチル自身が活き活きとした筆致で描いた回顧録である。

「さすがにチャーチルは非凡な首相だったのだな」と私が感じるのは、その現状分析のたしかさとそれに基づくしたたかな戦略である。

チャーチルの的確な現状分析

第二次世界大戦の初期にフランスを降伏させたドイツは、次にイギリスに、内容的には降伏勧告に極めて近い和平を持ちかけた。しかしチャーチルはこれを拒否し、あくまでも戦うことを選択した。

そのためイギリスとドイツの間で、イギリス本土の制空権を巡って繰り広げられることになったのが、「バトル・オブ・ブリテン」と呼ばれる航空戦である。

ドイツ軍は軍用機の保有数において圧倒的に優位な立場にあり、一方のイギリス軍は深刻なパイロット不足に悩んでいた。戦力のうえではイギリスのほうが不利だったわけだ。それでもチャーチルは、一歩も引かずに戦うという選択をして戦った。

結果、ドイツ軍はイギリス本土の制空権を奪うことが出来ず、ロンドン空襲にも失敗した。チャーチルの勝利だった。

ではなぜチャーチルは「断固として戦い抜く」という決断を下したのか。そしてぶれずに戦い抜くことが出来たのか。それは国際情勢についての的確な現状分析が出来ていたからである。

チャーチルは、「いずれはアメリカが、必ず連合国側に参戦する」と考えていた。アメリカが参戦すれば戦況は一気に逆転する。「そこまで持ちこたえればイギリスは勝てる」と、読んでいたのだ。

〝事実〟は人間をよく見ている

正しい判断に基づいた決断力が、特にリーダーたるもの、絶対に欠かせない要素であることは、これまでも述べてきた通りである。

ただし決断の前に必要となるのが、正しく現実を把握することである。前述したように、ウィンストン・チャーチルも情報を集め、集めた情報をもとに現実を正しく把握したからこそ、正しい決断が可能になった。

しかしこれが非常に難しい。人はしばしば先入観や希望的観測、悲観的観測などによって現実を歪んで捉《とら》えてしまうことがあるからだ。

たとえば「うちの技術が他社に負けるわけがない」といった先入観や、「他社に先を越されるわけにはいかない」という戦略なき意地が先行すると、現実を見る目が曇ってしまう。

また決断を下すときには、一方で時間との戦いもある。

情報がすべて揃う段階まで待ってもいいのなら、現実を把握するのはさほど難しいことではないだろう。しかしそこまで待っていると、ライバルも同じ情報を手に入れていると考えていい。

するとその段階では、情報の希少価値はすでになくなっている。これではライバルに勝つことは出来ない。

だから、たとえ不完全な情報からでも、現実を正しく把握することである。氷山の一角から、氷山全体をイメージ出来る洞察力が必要になる。

まして、トップに立つと「裸の王様」になる危険性がある。トップの耳に入れて不快になる情報は上げてこなくなる。それはトップも人間だから、見たくない情報や聞きたくない情報はある。しかし、それではまずい。

だから私は月報や報告書に目を通しながら、少しでも疑問点があれば指摘したり、質問したりする。すると、案の定「いやあ、そうですか。やっぱりわかりましたか」

と言う人も出てくる。

そもそも情報というのは、最初はみんな不完全なのが当たり前だ。チラッチラッと姿を見せてくる。垣間見えるだけ。あるいは断片しか見えない。

その中でいち早くどういうことが起きつつあるか、その情報の背後に潜む本質をつかむ。そこから何をしなければいけないのかを誰よりも早く読む勝負でもある。

ちなみにチャーチルは、「人間は事実をよく見なければいけない。なぜなら事実が人間をよく見ているからだ」という言葉を残している。

事実とどう向き合うか、そしてそれにどう対応するかに、その人の人間力が反映される。実力を映し出す鏡のようなものなのだ。

希望的観測に流されずにありのままに事実を見て、現実的に対処する。これはもちろん、ビジネスにも通じることだ。

どう生きるか、
どう働くか

少ない、不完全な情報から
いかに正確に物事の真実や流れを読むか。

「本質を見抜く力」を磨く

現実を把握する力、本質を見抜く力を、私自身はどう磨いてきたかと言えば、日々の鍛錬によるもの以外の何物でもなかった。こういった力は、一朝一夕に身につくものではない。

私は長年、営業の第一線で働いてきたが、現場で自己を鍛えてきたことが今も非常に活きていると実感している。

お客さまは、自分たちが抱えている課題やニーズをそう簡単に営業マンに話してくれたりはしない。むしろ煙に巻こうとしたり、こちらを攪乱《かくらん》させるようなことを言ったりする。もちろんライバル会社の営業がどこまで食い込んでいるか、どのような製品をどう売り込んでいるかといったことについては、教えてくれるわけがない。

だから営業マンは、お客さまのちょっとした言動をもとに、事実は何かを見つけ出さなくてはいけないが、大切なのは、どれだけ意識的に感覚を研ぎ澄まして、常日頃からそれをやっているかということである。

この積み重ねによって、断片的な情報から事実をつかみ、本質を見抜く力が次第に磨かれていく。

相手と少し話すだけで「この人のニーズはおそらくこれだな」ということがわかるようになるのである。

新聞も「なぜ今それを?」思考で読んでいく

また新聞や雑誌を読むときも、表面的な情報だけをインプットするのではなく、その情報の奥にある事実や本質をつかみとることを意識しながら読むことが大事だ。

たとえば、ある会社が何かを発表したという新聞記事があったとする。なぜわざわざこの時期に発表したのか。そこには必ず意図がある。その意図を自分なりに考えて仮説を立ててみる。自分ならこうするが、なぜ彼らはこういう行動をとったのかと。

自分が立てた仮説が正しかったかどうかは、その後の動向を新聞でずっと追いかけていけば検証出来る。

すべてのことは偶発的ではなく流れの中で起きていることを忘れてはいけない。現象だけでなく、流れの後ろにある本質を読むのだ。

こういうことが頭の中の引き出しにデータ化されていき、すべてのことが自分の役に立ってくるのだ。

「雑談」で自分を鍛える

そして雑談の場も、自分を鍛える重要な場である。

たとえば私はゴルフが趣味だが、初対面の相手もやはりゴルフをやっているとする。そんなとき私は相手のゴルフ歴をくわしく聞き出さなくても、一五分も向かい合って雑談していれば、相手の筋肉のつき方や挙措《きょそ》動作《どうさ》、話し方などから、どれぐらいの腕前であるかを見抜くことが出来る。

「あなたのハンディキャップはこれぐらいじゃないですか?」と尋ねると、だいたい当たるのだ。

これはたとえ雑談でも、常に相手に関心を向けながら会話をしているから可能になることである。

事実をつかみ、本質を見抜く力は、日々の営業活動でも、新聞や雑誌を読むときでも、雑談の場面でも、あらゆる場面において磨くことが出来るのだ。

どう生きるか、
どう働くか

常日頃から意識的に感覚を研ぎ澄まして、
情報の背後にある本質をつかむ力を磨く。

思考を重ねる

集めた情報をもとに現実を正しく把握し、正しい決断を下すことが、特にリーダーには求められる。

ただし「これなら一〇〇パーセントいける、絶対に間違っていない」と確信を持って下せる決断など、ほぼ皆無である。

そもそも決断とは、自分たちがこれまで挑戦したことがないもの、未知のものに対して行なう行為である。

「これをやればこうなる」という結果が最初からわかっているものに取り組むことを、決断とは呼ばない。

だから決断には、必ず不確定要素が含まれているものなのだ。

決断を下すためには、判断材料として情報を集めることが大事だが、これは前述したように、時間との戦いになる。すべての情報が出揃うまで待っていると、決断のタイミングを逸してしまうことになる。

だからタイムリミットを明確に定めたうえで、その時間のぎりぎりまで情報を集めて、思考を重ねていくことが大切である。

"潜在意識"はずっと考え続けている

また考えあぐねてしまってどうしても決断が下せないというときには、時間さえ許せば、あえて寝かせてみることも大事だ。今無理に「AかBか」を決めようとするのでなく、しばらくその問題について考えるのをやめてしまうのだ。

ただし考えるのをやめていても、心の奥底ではずっとその問題のことが気になっているものである。顕在意識（表層意識）は休んでいても、潜在意識（無意識、自覚されない意識）は働き続けているのである。

潜在意識には、普段自分が意識していないさまざまな過去の体験や記憶が蓄積されていると言われる。

潜在意識の中でその問題を考えているうちに、過去の体験や記憶を参照しながら問題が次第に整理されていき、あるときふっと答えが出てくるときがあるのだ。
風呂に浸かっているときや、布団に入ってぼんやりと考えごとをしているときに、よいアイデアが浮かぶことがあるが、これはおそらく潜在意識の働きによるものなのだろう。

どう生きるか、
どう働くか

考えに、考え、考え抜いているうちに、
ふっと方向が見えてくることがある。

心身の不健康は、決断力を鈍らせる

リーダーは毎日、ものすごい数の決断を下さなくてはいけない。特に経営者になると、一日の仕事のほとんどが決断に費やされると言っても過言ではない。

そこでおろそかにしてはいけないのが、心身の健康である。いつどんなときでも生気溢れたベストな状態でいなければならない。私の場合は滅多にないが、体調が悪いときには決断力が目に見えて鈍るものだ。

食事から運動……健康管理も侮《あなど》るな！

だから私は健康を保つための四つの要素である食事、睡眠、休養、運動は非常に大切にしている。

時間があるときは（といってもそれ程ないが）ジムに行って、汗を流す程度の運動は心がけている。

　食事に関してはバランスが大切だ。大学生のころ、医学部の教授が運動部の学生を集めて講義を開いた話が印象に残った。

「運動というのは体を動かすといったアウトプットばかり考えていてはダメだ。インプットを考えなければいけない。いい栄養を摂り、三〇歳までにそれを蓄積しなさい。あなたたちの後半の人生がそれで変わりますよ」と。それから学生でお金がないときにも食事には気を使ってきた。特にたんぱく質と野菜は意識的に摂っている。

　これは、決して侮ってはいけないことである。健康でなければ、いい判断、いいパフォーマンスは出来ないし、いい仕事は出来ない。つまり、充実したいい人生を送れない。


健康な肉体は、必要不可欠な〝資産〟。

〝有能な参謀〟の存在が大きい

間違いのない決断を重ねていくために重要なのが、優れた参謀がいるかどうかである。自分の片腕として信頼出来る有能な参謀がいればそれがベストだ。成功した経営者は、必ずそういう人を持っている。私の場合にも、もっとも厳しい時期に支えてくれた参謀がいた。

物事は長期的にあるいは多角的に見ないといけないが、優れた参謀がいれば、状況を正しく整理分析して、上げてくれる。

「今、状況はこうなっています。この問題を解決するにはA案、B案、C案がありま す」といったように、解決案をリーダーに提示してくれることもある。そして、A案、B案、C案の三案があっていずれも優れているが、その中でこれがベストです、という提案が出来るような参謀であれば最高だ。

有能な参謀がいれば、リーダーは決断に専念することが出来るようになる。

こういう話がある。

「成功するには、三つのやり方がある。努力して自分だけでやる。人に協力してもらってやる。人に協力してやる」。

参謀もリーダーもそれぞれの役割を通じて成功をつかみとることができる。

成果に結びつけば、それは「正しい決断」になる

いくら有能な参謀がいたとしても、心身の健康を保ち、常にクリアな頭で臨んだとしても、決断には必ず不確定要素が含まれる。

物事を完全に見通すことが出来るのは、全能の神だけである。しかし人間は神にはなれない。限定された能力で精いっぱい考え、自分なりに正しいと思える道を選びとるしかない。一〇〇パーセント正しい決断などあり得ないのだ。

だから、決められないときは、「決める」のだ。

いちばん大事なこと、プライオリティ（優先事項）は何かを考えてそれに基づき、こっちにしようと「決める」。決めたらもう迷わない。一点の曇りなき気持ちでそれ

を遂行する。突進すればいいだけのことだ。

そもそも迷うということは、黒か白かではなく、グレーなのだ。どちらも同じぐらいの成功の可能性と失敗の可能性があると言ってもよいだろう。だったら選んだ道で成功させればいい。行動で成果に結びつけるしかない。

無理やりにでも成功に持っていかなければならないのだ。

物事の成否は、決断を下した時点で決まるわけではない。下した決断をもとに成功に持っていけば、それは正しい決断になる。逆に、どんなにその時点で的確な決断をしたとしても、成果に結びつけられなければ、それは間違った決断になる。

大型投資の企業買収や工場新設、機能性化粧品事業への参入など、日々決断を迫られる。だからあとは覚悟を決めて、やるだけのことである。

どう生きるか、
どう働くか

決められないときでも「決める」覚悟が、
成功を引き寄せる。

8章

サラリーマン人生には三回のチャンスがある

身を屈して分を守り、天の時を待つ。
蛟龍《こうりゅう》の淵に潜むは昇らんがためである。

——吉川英治『三国志』劉備の言葉

勝負どきは誰にでもやってくる

サラリーマンの人生には、おおよそ三回から四回は誰でも大きなチャンスがあるものだ。

チャンスというのは、出世のチャンスや業績を上げるチャンスということではなく、会社のために自分が決定的な役割を果たせるチャンスである。「このとき働かないでいつ働く、会社のために今頑張らなくてどうする」という勝負どきが誰にでもやってくるのだ。

それはまた、今の自分を脱皮させて、ひと回り大きな人間になれるチャンスでもある。

会社のためにいい答えを見つけ解決するには？　勝つにはどうすればいいか？　情報を出来るだけ集め、一生懸命考えて、創意工夫して実行する。結果を出す。それが自分をひと回りもふた回りも大きくする。そして、それを見ていてくれる人は必ずいる。次はこれを、次はもっと大きな仕事を、と任せてくれるようになるものなのだ。

〝大ピンチ〟は飛躍のチャンス

「ピンチの中にチャンスあり」という言葉があるが、だいたいにおいてチャンスはピンチとともに訪れる。

私の場合、最初のチャンスは入社三年目のときにやってきた。新規事業の開拓を行なっていた産業材料部の営業部門で働いていたときのことである。

当時、その営業部で扱っていた製品のひとつに、「フジタック」があった。フジタックは、写真フィルムのベースとして使われており、透明性、平滑性に優れ、光を真っ直ぐに通すという特長を持った製品だ。その当時、写真フィルムのベースフィルム以外に用途拡大を図り、アニメのセル画、偏光サングラスなどにも用いられるようになっていた。

ところが一九六五年、当時戦後最大と言われた昭和四〇年不況の影響もあり、「フジタック」の売上が大幅に落ちた。そのため社内では、この事業から撤退するべきではないかという議論が起こったのである。

私は担当営業マンとして「フジタック」に強い愛着を持っていたし、また可能性も感じていた。このとき撤退しようという上層部を思いとどまらせることが出来ないようでは結局、私は会社の中で何の役にも立たない人間なのだと観念した。自分が富士フイルムで社員としてやっていけるのかどうかを試されていると悟った。

サラリーマンにとって大切なのは、上司の指示に対して「はい、わかりました」と素直に従うことではない。そういう人間は、単に会社にぶら下がっているだけの存在に過ぎない。会社の将来を考えて「こうするべきではないか」と思ったときには、自分の意見をはっきりと口にする。そして上司を説得し動かせなくては、本物の社員とは言えない。


私は技術課長と一緒にお客さまのところを回ってニーズを聞き出しながら、「フジタック」を生き残らせる道を必死に探った。会社に寝泊まりして対策を練った日もあった。その結果、「フジタック」を店頭ディスプレイ看板用の素材として活用するなどの新しい用途を見つけ出し、ついには撤退への動きを覆《くつがえ》すことが出来たのである。

「フジタック」の出来事は、自分たちが取り組んできた事業が会社の判断によってなくなろうとしていたわけだから、そのときは大ピンチだった。

しかしそのピンチを乗り越えたことによって、「自分も会社に貢献する仕事が出来るんだ」という大きな自信を得ることが出来た。私は自己成長のチャンスをつかんだわけである。後に「フジタック」は、液晶パネルを構成する偏光板を保護するフィルムとして使われることとなり、大きく売上を伸ばした。

それにしてもあのときに撤退を食い止めることが出来たからこそ、今「フジタック」は、当社の基幹製品のひとつになっているわけである。なにしろ、一九九〇年初頭にはわずか二〇億円程度の売上だったフジタックは、およそ二〇年後には約二〇〇〇億円規模に拡大している。今ではスマートフォン等にも使われている。それを思うと感慨深いものがある。

どう生きるか、どう働くか

ピンチは〝変革のためのチャンス〟と捉《とら》える。

対応に奔走した日々

また一九七九年から一九八〇年にかけては、前述したようにシルバーショックといって銀の価格が暴騰する事態が我々の業界を襲った。一九七八年に一キログラム当たり三万四〇〇〇円台だった銀の価格は、翌年下半期以降、高騰し、ついに一九八〇年一月には三四万六〇〇〇円にまで跳ね上がったのである。

銀は写真フィルムを作るうえで欠かせない素材である。いや写真だけではない。そのとき私は印刷材料事業の営業課長をしていたが、我々の部署が扱っていた印刷製版用フィルムを作るうえでも、銀は必要不可欠な素材だった。

そのため写真事業でも印刷事業でも、自社製品が軒並み大幅な採算割れを起こす事態が発生したのである。「このままでは会社が潰れる」と我々は強い危機感を抱いた。

印刷材料事業の部門では営業も含め、毎日、夜遅くまで会議を開いて対策を練った。これだけ銀の価格が高騰してしまったら、生産のコストダウンだけではとても対応出来ない。製版用感光材料製品の価格改定が不可避となる。しかし製品の値上げに、果たして取引先が応じてくれるだろうか。

我々は文字通り不眠不休の態勢で取引先を回り、値上げについての理解を求めた。その一方で徹底した経費削減を図った。そして何とかこの危機を乗り切ったのである。私も印刷材料事業の東京の営業課の課長として、己に課された責任をまっとうすることが出来た。

もちろん危機を乗り越えられたのは、私の力だけによるものではない。上から下までメンバーが一丸となって取り組んだからだ。

ただこの出来事が、私をひと回り、器の大きな人間にする貴重な機会となったことは間違いない。

価格競争の愚かさを知る

そして一九八〇年代後半の部長時代には、泥沼の価格競争を経験することになった。

当時、私はビデオテープやフロッピーディスクを扱う磁気材料事業本部の営業部長だった。この業界は競争相手が多く、みな少しでも優位に立つために、すさまじい価格競争が巻き起こった。

当初は五〇〇〇円程度だった二時間録画ビデオの価格は、毎日、店頭価格が下がるような状態で、最後には一〇分の一以下の数百円にまで下落した。

富士フイルムもまた価格競争に巻き込まれていったのだが、やがて私は「こんなことをやっても誰のためにもならない」と確信するようになった。

価格競争を続けるうちに、企業は確実に経営体力を消耗していく。すると研究開発に資源を投じる余裕がなくなり、その結果、新しい価値を持った優れた商品を消費者に提供することも不可能になる。作っているサイドも傷つき、消費者にも結局、害を及ぼす。いきすぎた価格競争は、誰も勝者を生まない戦いなのだ。

そこで私は、価格競争とは別の次元で、勝負することを心に誓った。

お客さまに対して、「安くしますから買ってください」ではなく「良いものですから買ってください」と胸を張って言える商品を世に出すことで勝負することの大切さを学んだ。つまり、オンリーワン商品、ナンバーワン商品の開発である。

我々営業の要望に、社内の技術スタッフも応えてくれた。こうして開発されたのが、ダブルコーティング技術による高品質のビデオテープだった。

　これは映像記録に適した特性を持つ磁性体を上層に、音声記録に適した特性を持つ磁性体を下層に塗り重ねるというもので、より鮮明な画質と音質を実現したものだった。この高品質ビデオテープの開発によって、富士フイルムは「安さ」ではなく「商品の価値」の差で戦うことが出来始めたのである。

メーカーの社会的役割とは？

　そして新しい技術を世に出したことによって、社会の進歩にも貢献することが出来た。事実、ダブルコーティングの技術は社会的にも高く評価され、一九九〇年にはアメリカのテレビ界において、映画のアカデミー賞に相当するエミー賞技術賞を受賞した。またその後のメモリーテープ等の新製品開発にもつながっていった。

　このビデオテープを巡る一連の経験は、私にとって「メーカーの社会的役割とは何か」ということを強く認識させられるものとなった。

　メーカーの役割は、社会に役立つ商品を作り、適正な利潤を上げ、その利潤を元手に社会にさらに役立つ未来の商品、未来の価値の開発に対する投資を行なうことである。社会や人々の暮らしをよくする価値ある商品を世に出し続けていくことである。

そのことを忘れて、目の前の競合他社との戦いに汲々とするあまりに、いたずらに価格競争に走ってしまっては、会社も疲弊するし、新製品を開発出来ず、社会のためにも結局はならない。

目先の利益を確保することに追われて、研究開発費を減らせば、新しい価値を持った商品を世に出すのは不可能になる。

私はメーカーとして貫くべき基本姿勢をこの経験から学んだ。独自技術でオンリーワン、ナンバーワン製品を出すことが、結果的に企業と社会の双方に真の益をもたらすことになるのだ。

どう生きるか、
どう働くか

企業は常に、新しい商品・新しい価値を生み出し、
社会に貢献するべきもの。

五六歳、初めての海外勤務

私は一九九六年には、前述したように、富士フイルム・ヨーロッパの社長としてドイツに赴任することになった。このとき私は五六歳で、海外勤務は初めてのことだった。

当時の大西實《みのる》社長から、「君、ドイツに行ってくれないか」と言われた私は、「もう少し若くて、これから経験を積む必要がある奴に行かせてあげてくださいよ」と断った。

しかし、「まあいいから、一回海外を経験してきてくれ」と押し切られ、私のドイツ行きは決まったのである。

この歳になっての初の海外勤務は正直、気が重かったが、しかし決まった時点で覚悟も定まった。行く以上、現地で徹底的に現地の人の話をよく聞き、こっちからもはっきり意思表示し、考え方ややり方をはっきり決めていこう、いわゆるガチンコ勝負をしようと決心した。

〝困難〟という山をひとつずつクリアして

当時富士フイルムは日本国内の写真フィルム市場で七〇パーセントのシェアを持っていた。ところが向こうに行ってみるとヨーロッパ市場で、首位のコダックにシェアで二倍近くの差を開けられ、万年二位に甘んじていた。欧州では完全に二流メーカー扱いだ。

しかも、私が実際に赴任してみると、「二位とはいうものの二五パーセント近くもシェアをとっているのだし、それで充分じゃないか」という雰囲気が社内には充満している。技術面をとっても、製品のラインアップ・充実面においても、コダックを凌駕《りょうが》していたにもかかわらずである。

「ヨーロッパ市場がこんな状態では、本当のグローバル企業になれない」と思った私は、戦う組織へと会社を建て直すべく、自ら引っ張っていった。

まずは製品の差別化を行なった。普通のカラーフィルムは、ベースフィルムの上に、赤、緑、青の光に感じる三つの感光層が塗られているが、そこにもう一層、特殊な感光層を入れることで、より人間が実際に見たままの色に近くなる。そういう特殊な技術を、現地のオランダ工場においてプロ用だけではなく、一般向けのフィルムに採用した。

次に「割安品の二流メーカー」というイメージから脱却するべく、ブランド戦略を練り直した。

オランダの工場の協力を得て、五〇億円の販促費を出資してもらい、当時ミスタービーン役で人気の高かった喜劇俳優を使ったテレビCM、各種プロモーションも展開した。また、価格戦略の見直しも行なった。こうして改革案をまとめあげ、欧州の販売子会社やディストリビューターにも、各国の具体的販売戦略を再立案させた。

そうして、二二パーセントだったカラーフィルムのシェアを結局三〇パーセント近くまで伸ばすことに成功し、コダックに追いついていった。製品価格を上げたことで、利益率の改善も出来たのである。

余談だが、後で聞いたところによると、現地のドイツ人スタッフは、徹底的に相互コミュニケーションを行ない、販売戦略を考え出し、高い目標達成を次々とつきつけていく私のことを、日本から本当のサムライがやってきた、「スーパー日本人」だ、と言っていたという。

私としては、自分の目の前に現われた山をひとつずつクリアしていっただけのことである。「艱難《かんなん》、汝《なんじ》を玉《たま》にす」という言葉があるように、困難を乗り越えるごとに、私の中に、胆力、思考力、決断力といった実力が蓄えられていったと思う。

自分の中に〝ポジティブ・スパイラル〟が出来る！

このように「ここが勝負どころ」という場面が、仕事をしていると必ずあるものだ。勝負どころはピンチでもあるが、チャンスでもある。逃げずに立ち向かって克服出来れば、そのぶんだけ自分も成長出来る。そしてチームや会社に貢献出来る。

すると、「こいつは会社に貢献する仕事が出来るヤツだ」ということで、上司からより責任のある仕事、やりがいのある仕事を任されるようになる。そしてその責任ある仕事をクリアすることによって、さらなる自己成長が可能になる。

そうやって勝負どころで結果を残すことが出来れば、ポジティブなスパイラルに入り、どんどん自分を高めていくことが出来るようになるのだ。

だから勝負どころでは、決して逃げてはダメだ。チャンスの前髪は絶対につかまなくてはいけない。

どう生きるか、
どう働くか

ここで投げ出すな！
忍耐強く創意工夫を凝らして
物事を進めていく者だけが、
勝ちを収める。

9章

経営者として迎えた富士フイルム最大の危機

危険は、勇者の目には太陽のごとく光り輝く。
――エウリピデス

じわじわと近づいた危機

絶頂期の中にこそ滅亡の影が潜んでいるものだ。

私が富士フイルムの社長に就任したのは、二〇〇〇年のことである。この年、当社は表面的な数字だけを見れば、絶頂期にあった。

巨人コダックに追いつき、追い越せ

富士フイルムは創業以来、コダックの後塵《こうじん》を拝していた。私が入社した一九六三年ごろは、コダックと当社では、売上高において年間約四〇〇〇億円対二七〇億円と十数倍もの差があった。大人と子供のような差だった。カラーフィルムや印刷用製版フィルムなどの技術力についてもブランド力や財務面でも差があった。

コダックは写真フィルムの生産に不可欠な大量の銀やゼラチンの安定確保のために、

自前の銀山や牧場を経営していたほどである。まさにアメリカの代表的会社であるフラグシップカンパニーだった。

「本当にうちのような会社が、あのコダックに太刀打ち出来るのだろうか」

と、入社したばかりの私は思ったものだ。

だが、「コダックに追いつき追い越せ」を合い言葉に、我が社は果敢に戦いを挑んでいった。コダックを技術的に追い抜いたのは、一九七六年に「ＩＳＯ感度４００」という高感度のカラーネガフィルムを発売したときだ。その後、八〇年代になると、各種の写真フィルムも含め、さまざまな分野でコダックを技術的にも上回るようになる。そして、私が社長に就任した翌年の二〇〇一年、売上においても、ついにコダックを追い越したのである。日本でのカラーフィルムのシェアは約七割と圧倒していた。

ところが、このピークを迎えたカラーフィルムの総需要は、デジタルカメラの普及により、坂道を転がるように落ち込んでいった。特に二〇〇三年以降は、毎年二〇パーセント減、三〇パーセント減の勢いで急速に需要が下落した。

カラーフィルムなど写真感光材料はピーク時、富士フイルムの売上の六割、利益の三分の二を占めていた。そのマーケットのほとんどが、あっという間に消滅していった。こうして富士フイルムは、カラーフィルムといういちばんの収益の柱を失うことになった。

まさにトヨタが車を、新日鉄が鉄を失うような事態が当社に起きたのだった。

私の「読み」

実は私は、その二〇年ぐらい前から、まもなく巨大な荒波が、業界や我が社に押し寄せることを覚悟していた。その荒波とは、言うまでもなくデジタル化の波である。

デジタル技術が富士フイルムの各画像事業分野に登場したのは八〇年代の初めだった。当時私は、印刷用材料を扱う部門の営業課長だった。印刷の製版工程では、それまでフィルムが使われていたが、だんだんデジタル化されたため、フィルムの需要が減り始めていた。

デジタルは、まず印刷の分野やX線画像診断などの医療分野で普及し始め、そしてやがては写真の分野にも及ぶはずだと確信していた。ただし価格面や感度、解像度などにおいてデジタルよりアナログが優位に立っている間は、アナログの時代が続くことになる。

完全にデジタルの時代が訪れるまでには、二〇年ぐらいはかかるのではないか。

それが当時の私の「読み」だった。

そこで、私は当時の社長に新規事業への取り組みを進言した。

「デジタル化で大変なことになります。今、会社がフィルムで利益を上げているうちに、未来への投資をして新しい事業を始めましょう」と。

なぜならデジタル製品は、半導体をはじめ、各種部品を組み合わせることで出来るため、高度な技術のブラックボックスが少なく、他社の参入が容易となり、激烈な価格競争に向かうことが予想されたからだ。

デジタル時代が到来したときに、会社をどうするか、どう発展していけばいいのかは、それからずっと私の胸中にあり続けた。

実は、世界ではじめてデジタルカメラを開発したのは、他でもなく当社なのだ。一九八八年に開発発表したフルデジタルカメラ「DS‐1P」である。なぜ自分の首を絞めるようなことをやったのか。どうせうちがやらなければ他社がやるだけ。ならば、うちがやろうと、会社として腹を決めたのだ。

コダックももちろんデジタル化の準備はしていたし、経営多角化を図った時期もあった。しかしアメリカでは、投資家が経営者にどうしても短期的な成果を求めるため、すぐに数字につながらない長期的な投資を行なうのは難しい。結果として当社に比べて多角化の深さと幅の広さで劣っていたのだろう。

そして何の運命か、デジタル化を予測した二〇年後に、私は社長に任じられたのである。

私の読み通り、デジタルとアナログの差は相当に詰まっていた。社内ではまだ何とかなるだろうという雰囲気が残っていたが、逆転は時間の問題だと私は考えていた。

そして逆転されたときには、フィルムはデジタルの前に急速に衰退していくことになるだろう。オーディオ業界において、ＣＤの登場とともにレコードがあっという間に消えてしまったようにである。

「絶対に会社を潰さない。何としても」

「大変なときに社長になった」というのが、偽らざる気持ちだった。

　しかし社長職を拝命した限りは、逃げるわけにはいかない。

「俺がやるしかない。この状況を打開して、富士フイルムを再生させる。絶対に乗り切ってみせる」

　と、私は決心した。

　これが私の天命ではないかとも思った。

「自分がこれまで培ってきたすべての力を、命を賭けて会社のために注ぎ込もう。全身全霊で取り組もう」「とうとう来たか。やってやろうじゃないか。何としても難局を切り抜けて未来への道を切り拓いてみせる」と武者震いした。

　そして実際、命を賭けたつもりだ。寝ても覚めても会社のことばかり考えて、この危機を乗り越えなければ死ぬというぐらいの覚悟というか責任感があった。

どう生きるか、どう働くか

「やるべきこと」は、

「やるべきとき」に断固としてやり抜くしかない。

日本を代表する一流企業であり続けるために

社長になった私がいちばんに考えたのは、

「とにかくこの会社を生き残らせなくてはいけない。ただし単に生き残ればいいわけではなく、二一世紀を通じてエクセレントカンパニーであり続ける」

ということである。

フィルム市場の縮小に合わせ、企業の規模を小さくすることによって何とか生き延びるのではなく、日本を代表する一流企業であり続けたいという、強烈な思いがあった。

思いきった業態転換

当時富士フイルムは、世界中にフィルムの販売網・プリントを生産するラボ網を張り巡らし、大きな工場も日米欧の三極に配置していた。フィルムの売上が激減している中でそうした組織を維持し続けることは、固定費の負担が大きくなる。そこで設備の統廃合や社員の配置転換など、大規模なリストラを行なった。

ただしフィルム事業をやめることは考えなかった。

写真とは、喜びに溢れた楽しいとき、人生の岐路に立ったとき、そして大切な人と過ごす素晴しいときなどを切り取り、記録するものである。時間が経って記憶が薄れても、写真を取り出せば、そのときの情景や感じたことがありありと蘇り、人生を深くする。

写真とは、人間にとって大事な文化なのだ。「写真文化を守る」、これは当社の使命である。

だからこそ、安定的に利益を確保していくことが出来る事業としてフィルム事業を成り立たせるために、構造改革によってダウンサイジングを図ろうとしたのである。

富士フイルムの経営改革において、写真関連分野の構造改革を断行することは、大変なことだった。当時、写真関連分野では全世界で約一万五〇〇〇人の社員が働いていた。カラーフィルムの需要が激減している中で、このままこの体制を維持していこうとすれば、会社はもたない。

そこで私は、写真関連分野の社員を、他の分野への配置転換を含め、海外を主として約五〇〇〇人削減するなど再編成に着手した。

また、富士フイルムは、国内のフィルム販売に関して、写真用品の専門商社と特約店契約を結んでいたが、すでにこれらの会社は経営が成り立たなくなっていた。そのため、当社はこれらの会社から営業権を買い取り、直販体制に切り換えた。この時点で、四社あった特約店のうち二社は廃業した。

リストラは、やらないで済むのならやりたくないに決まっている。本当は社員に「辞めてくれ」とは言いたくなかった。

私にはプライオリティとして、「富士フイルムを生き残らせなくてはいけない」という強い使命感や責任感があった。その使命感や責任感のもとに、本当にやらなければいけないことは心を鬼にしてでもやらなくてはいけない。リーダーの仕事とはそういうものだ。

特約店に対する営業権の買い取りや退職社員の退職金について、私は出来うる限りの配慮をした。

大きな改革を行なう際、大事なのは、どのタイミングで、どれくらいのスピードで、どれくらいのスケールでやるかという「スピード」と「ダイナミズム」を意識することである。

やることが正しくても、タイミングが遅れてしまえば、うまくいくはずのことも、うまくいかない。また、やることのスケールが小さすぎては勝負に勝てない。「どのようなスピードで、いつやるか」「どれくらいの規模でやるか」が非常に大事なポイントである。

当社の写真分野における構造改革も、タイミングを逸していれば、その後にやってきたリーマンショックに飲み込まれてしまい、会社として大変なことになっていたかもしれないのだ。

企業経営にあたり、「スピード」と「ダイナミズム」を意識することは、非常に大事なことなのだ。

シーズとニーズのすり合わせ

その一方で、フィルム事業に代わる新たな成長事業を見つける必要があった。このことのほうがより大事である。

新規事業とはいえ、メーカーの場合は、自分たちが持っている技術とまったく無関係な領域に進出したとしてもうまくいくわけがない。

大切なのは、既存事業において自分たちが培ってきた技術（シーズ）を「棚卸し」し、その技術を活かせる領域を探り出していくことである。つまりシーズとニーズのすり合わせが重要になる。

当社がこれまでに培った種々の高度な技術の棚卸しをし、どの市場、どのような製品に応用出来るか、私は徹底的に分析した。

私はＣＥＯになる前の二〇〇一年ごろから、研究開発の役員らとともに、当社の技術資源を活かす新しい分野はどこかということを整理し、徹底的に考え抜いてきた。具体的には、縦軸と横軸を座標とするマトリックスを書いて、縦軸の技術には、現在の技術と新しい技術、横軸の市場（事業）には現在の市場と新しい市場、というように四つの象限《しょうげん》に分けて、検討を行なった。

すなわち、各象限で、既存技術によって既存市場に何か新たな商品を投入することは出来ないか、また、たとえば高性能デジタルカメラ等のように、新しい技術で既存市場に適用出来ることはないか、さらに、既存技術で新しい市場に適用出来ることはないか、そして、今ある技術を進化させることで新しい市場に適用出来ることはないか、を検討した。

その際、①市場に成長性があるか？　②当社の技術を活かすことが出来るか？　そして、③継続的に競争力を持ち続けられるか？　というのが重要な判断のポイントだった。

熟考を重ね、今後の成長を牽引する重点事業分野を策定し、「既存の成長事業の育成」と「新事業の創出」というアプローチで取り組んだ。

そして、六つの事業を選び、設備投資や研究開発費、M&A投資など経営資源を集中投下することにした。

医薬品や化粧品、医療器機からなるヘルスケア部門もそのひとつである。

富士フイルムが現在、「アスタリフト」というブランド名のアンチエイジング化粧品を展開していることについてご存じの方も多いと思う。

これについては、「フィルム会社がなぜ化粧品を始めたのか」と疑問を持たれた方もいるだろう。しかし、化粧品の開発こそ、まさにフィルム事業で培ってきたコア技術を活かしたものである。

写真フィルムの製造では、色あせを防ぐための抗酸化技術や、約一〇〇種類もの高機能素材をナノレベルで扱う微細化技術が不可欠となる。またフィルムの乳剤の主成分はコラーゲン（ゼラチン）であるため、コラーゲン技術についても長年の蓄積がある。

この技術をアンチエイジング化粧品に応用したのが「アスタリフト」である。抗酸化技術は、酸化による肌の老化を食い止めるための技術として、ナノ技術は、化粧品の成分を肌に浸透させるための技術として活用した。また、肌の主成分はコラーゲンである。「アスタリフト」は、シーズとニーズのマッチングによって生まれた象徴的な商品なのである。

業績悪化のときでもむしろ増やした「研究開発費」

ところで私は、どれほど会社が厳しい状況に置かれていても、年間二〇〇〇億円程度の研究開発費を何とか捻出させ続けた。

上場会社の経営者は常に、その成果をマーケットで問われるが、その際の指標の一つは利益だ。そして多くのメーカーは、研究開発費をぐっと減らせば、対売上高比で三、四パーセントの利益率はすぐに上乗せ出来る。

しかし私はそれをやらなかった。他の経費は削減しても、特に将来に必要な研究開発費は、むしろ増やすべきだと考えていたのだ。

企業は、たえず新しいものを生み続けていく文化や体質を持っていなければならない。だからこそ大事なことは、未来につながる投資だ。

富士フイルムにとっての二〇〇三年以降の一〇年は、新たな成長の種を生むために、投資をしなければいけない一〇年だったのだ。

その意味では、「いかに高い利益を達成するか」という経営の効率面を、この間は犠牲にしてきたと言える。違う言い方をすれば、効率を犠牲にしなければいけない局面も経営にはあるということだ。

確かに、中長期的な研究開発投資は、すぐに成果に結びつくものではなく、芽が出るまでに時間もかかる。その間、短期的には経営効率が悪化するのも否めない。しかし長い目で見れば、その間の投資によって培われた技術が、やがて会社を支える技術として結実するもとになる。

「決断」は迅速かつ大胆に

また、現在の富士フイルムの収益の柱となっているものに、偏光板保護フィルムの「フジタック」がある。私が若かりし日に撤退の危機から守ったあの「フジタック」である。

「フジタック」は、長らく写真フィルムのベースとして使われてきた素材だったが、液晶ディスプレイの普及とともに、にわかに注目を集めるようになった。

なぜなら偏光板保護フィルムは、液晶ディスプレイを作るために欠かせないものだからだ。そしてフジタックは、その最適な素材なのだ。この部材は当社がワールドワイドで約七割のシェアを占めている。
つまり「フジタック」なくしては、液晶ディスプレイの製造はままならないわけである。

私が一一〇〇億円もの巨額の資金を注ぎ込んで、熊本県に「フジタック」の製造工場を建設するという意思決定を行なったのは二〇〇四年のことである。こういう投資は一気にやったほうがいいと私は判断して、一度に四ラインの建設を決めた。先を見越した決断だった。

当時は、液晶ディスプレイとともにプラズマディスプレイが注目を集めていた。どちらがテレビやモニターの次世代の主力技術となるか、その趨勢《すうせい》がまだ明らかになっていない状況だった。
そうした中で巨額の資金を投じて工場を建設するのは、当然リスクはあった。液晶対プラズマの戦いの結果、プラズマが勝利して液晶が衰退すれば、液晶ディスプレイ材料の工場を建設した私たちは大きな痛手を受けることになるからだ。

しかし、液晶ディスプレイは、偏光板保護フィルムがなくては製造が出来ないものである。私たちが生産体制を拡充しないことには、液晶ディスプレイが伸びることはあり得ない。

つまり趨勢が見えないからといって、判断、決断を遅らせてしまうことは、勝てるかもしれない機会を逸することにつながる。決断は、常に機を逃さずに迅速かつ大胆に行なうことが重要である。

しかしだからといって、一か八かの当てずっぽうの賭けに出るわけにはいかない。私はディスプレイ業界の色々な人に会って、情報収集を行なった。その結果、「液晶が勝つ」と読んで、巨額の投資を行なうことを決断したのである。

理由は大きく二つ。ひとつは液晶とプラズマとでは、液晶のほうがプレイヤーが多く、切磋琢磨すれば技術的な向上やコストダウンが進むと思われたこと。そしてもうひとつは、大量生産のしやすさやコスト面においても、液晶のほうが優れていること。その両面から考えて、最終的には液晶が主流になるだろうと判断したのだ。

そしてその「読み」が当たった。

現在「フジタック」は当社の基幹製品のひとつとなっている。

六つの重点事業に注力

富士フイルムは写真フィルム事業をコア事業としていたころと比べると、今ではその業態は同じ会社とは思えないほどに様変わりした。

当社は現在、自分たちが培ってきた技術を活かすことが出来、なおかつ市場の成長が見込める六つの分野の事業——デジタルカメラやフォトブックなどの「デジタルイメージング事業」、医療器機や医薬品、化粧品などの「ヘルスケア事業」、オフセット印刷用材料やデジタル印刷機などの「グラフィックシステム事業」、液晶用フィルムなどの「高機能材料事業」、テレビカメラ用レンズなどの「光学デバイス事業」、富士ゼロックスが手がける「ドキュメント事業」——を成長事業分野に定め、集中的な研究開発投資や設備投資を行なっている。

写真関連事業は、カラーフィルムの急速な需要減によって、二〇〇五年には赤字に転落した。にもかかわらず、当社は構造改革と業態転換を成功させたことによって、会社として二〇〇七年度には売上高、営業利益ともに過去最高を達成した。

この後、二〇〇八年のリーマンショックによって世界経済は大きくゆさぶられ、世界中のすべての業界のあらゆる商品の市場がすさまじい勢いで収縮した。当社も大きな打撃を受けた。そしてその後、著しい円高となり、我々日本メーカーは深刻な影響を受けた。その後、円高はかなり是正されたが、これらのことから、今の業績は私にとって充分満足するものではない。しかし我々の改革は間違いなく、上昇する軌道に乗っていると言える。

今やデジタルカメラも含めた写真関連事業の売上高は、当社総売上高のわずか一五パーセントを占めるに過ぎない。当社は、主力事業のカラーフィルムがなくなるという危機的な状況を、新しい企業に生まれ変わることによって乗り越えることが出来たのだ。

一方、富士フイルムにとって長年のライバルであったコダックは、フィルム消滅の時代に生き残ることが出来ず経営破綻した。私たちもまた判断を誤れば、市場からの撤退を余儀なくされていたかもしれない。

私たちは、これまで培ってきた高度な技術を進化させ、それと世の中のニーズを適応させて新しい価値を提供することで生き残ろうとしている。これはすなわち、世の中の環境の変化に素早く対応し、また、変化を先取りし、さらに自ら変化を作り出せる会社になることをめざしているのだ。

どう生きるか、どう働くか

変化に対応するだけでなく、
変化を先取りし、
変化を作り出すところまでやる。

10章

日本人よ、戦う気持ちをとりもどせ！

我が国小なりといえども誠によく上下同心その目的を一にし、
務めて国力を培養せば、
宇内に雄飛し万国に対立するの大業甚だ難しきにあらざるべし。

——岩倉具視

日本人としてのプライドを持ち続けよう

私が日本を愛しているのは、ごく自然な感情である。自分を育ててくれた、あるいは支えてくれた家族や働いてきた会社を愛するのが当然のことであるのと同様に、国を大切に思っている。

だからこそ私は、日本人としてのアイデンティティと誇りを常に持って生きていきたいと考えている。

そのために自分をおとしめるような卑しいことは決してしたくない。それは日本や日本人をおとしめることにつながるからだ。

また日本に対しても、自分がずっと誇りを持ち続けられるような気高い国であってほしいと願っている。

私にとっては、家族も愛すべき大事な存在である。夜遅く仕事でヘトヘトになって家に帰ったときに、妻の顔を見たり、子供が小さかったときには寝顔を見たりすると、ホッと心が安らいだものだ。

「ここが自分の帰ってくる場所なんだな」と感じる。そして「この場所を守るために明日からまた戦わなくてはいけない」という気持ちになる。

日本人のいちばん優れているところ

国も同じである。日本は自分の居場所であり、帰ってくるべき場所である。だから私はこの国を大切に思い、守っていきたいのだ。

日本人のもっとも優れているところは、大義のために、卓越した価値のために、自分を犠牲にすることが出来るところである。自分の利益のためではなく、みなの利益のために、惜しむことなく身を投じることが出来る。自己犠牲の精神ほど崇高なものはない。

また二〇一一年三月一一日に発生した東日本大震災のときに誰もが助け合ったように、本当に困っている人がいたときには、たとえ自分も困っていようと、手を差し伸べる気高さを持っている。

世のために自己を投げ出し、人を愛し大切にする。これは人間として最高の美徳ではないのか。他にも美点は色々とあり、日本人はもっと己に誇りを持って生きるべきである。

「写真文化を守る」ことを使命に

富士フイルムは企業といえども、利益のみを目指しているわけではない。企業活動を通して、日本のため、文化の発展のため、出来る限りの貢献をしたいと考えている。

東日本大震災で、東北地方を中心に未曾有の被害が出たことは、日本人の記憶に生々しく残っている。繰り返し報道された被害映像の中で、津波に呑み込まれた家屋やガレキの中から、家族の写真を探す人々の姿が目にとまった。泥水をかぶった写真ではあるが、思い出のつまった写真はこれ以外にもう二度と手に入れることは出来ない。

「津波で海水や泥をかぶった写真を、どうしたら元のように回復出来るのか」という相談が多く寄せられたことから、富士フイルムグループでは「写真救済プロジェクト」を発足させた。そして現地のボランティアの方々に、写真洗浄のノウハウの指導や「写真救済キット」の提供を行なった。

その後も、現地ではとても洗浄しきれない写真は、当社の神奈川工場に持ち込み、社員やOB、その家族らが一枚一枚洗った。この活動は全国のボランティアの方々に広がり、そうやって洗浄・再生された写真はすでに数百万枚にのぼっている。

写真を生み出した自分たちが、このような家族の思い出の再生にお手伝い出来ることは大きな喜びであり、使命だと思っている。また、こういう活動が日本人の明日への希望に少しでも寄与することを願っている。

どう生きるか、どう働くか

日本人は、
もっと己に誇りを持って生きるべき。

世界で「戦う力」を日本はまだ充分に持っている

今、多くの日本人が元気を失い、自信なさげな表情をしている。その要因として、日本経済の低迷が長く続いていることが挙げられる。

リーマンショック以降の異常な円高の中で、日本よりも人件費が安い海外企業と戦ってこなければならなかったのもハンディである。

そして国内を見れば、少子高齢化によってすっかり市場が成熟してしまっている。

そうした中で、日本企業が進むべき道ははっきりしている。海外市場を主戦場に、商品開発力や技術力で勝負していくのだ。

いくら中国や韓国の成長が著しいといっても、ハイテクの分野では日本企業がまだ大きくリードしている。

また日本は、オペレーション技術についても高度な発展を遂げている。

東京から新幹線ののぞみに乗り関西方面に向かっていると、もうすぐ名古屋駅というあたりで、「ただ今、三河安城《みかわあんじょう》駅を定刻通りに通過いたしました」というアナウンスが必ず流れる。

時速三〇〇キロ近く出す新幹線を数分間隔でわずかな単位の狂いもなく運行出来るシステムと技術は、素晴らしいとしか言いようがない。

コンビニエンスストアや宅急便にしてもそうである。極めて完成度の高いあのオペレーション・システムを構築したのも、たとえば日本のセブン‐イレブン・ジャパンであり、ヤマト運輸である。

こんな国が他のどこにあるだろうか。

「もう一度戦うんだ」という気概を持って踏み出せ!

我々日本人は、本来持っているポテンシャルを発揮出来ずにいる。

ここ数年、日本企業からは、世の中の新しいトレンドを作るような画期的な新製品や、新サービスが生まれていない。なぜ日本企業からｉＰｈｏｎｅやｉＰａｄが出なかったのだろうか。

また、日本企業の製品やサービスは、世界中で通用する「世界標準」を取れていない。たとえば携帯電話が、海外とは異なる日本国内だけのシステムで進化し、「ガラパゴス携帯」と呼ばれているのは、もっともわかりやすい例だ。

加えて、価格競争の激しい業界では、未来の新しい技術や新しい価値を持った商品の開発にエネルギーを注ぐだけの余力を失いつつある。未来のために再投資出来るように、利益を生む仕組みを構築することが大事だ。

グローバルで戦うという、また、意欲的なシステムや新製品を作り出していくという強いチャレンジ精神が足りなかったのである。

しかし、「日本はもうダメだ。これからどんどん活力をなくして、落ちていくばかりになるのではないか」などと口にする人もいるが、私からすれば「何を言っているんだ」という思いである。

日本には優れた技術の蓄積や優れた人材・会社がたくさんある。あきらめることはない。先程も言ったように正しい道を選択して突き進めば、日本は必ず復活出来る。

「もう一度世界で戦うんだ」という気持ちさえあれば、いくらだって戦える。日本も日本人も、世界と対等に戦うだけの力はまだ充分にある。あとはその力を本気になって使う気があるかどうかだ。

どう生きるか、どう働くか

日本人のポテンシャルは大きい。
それを発揮し、海外で勝負を挑め。

創造力とチャレンジングスピリットを

日本人が世界を相手に戦うときには、自分たちが克服するべき課題についても認識しておく必要がある。

日本人の弱点は、大きく言えば二つあると私は考えている。ひとつは自己発信力や自己主張力が弱いこと。もうひとつはプライオリティ、すなわち優先順位をつけて物事に取り組むのを苦手としていることだ。

自己発信力や自己主張力の弱さについては前にも述べたので、ここでは繰り返さないが、強調しておきたいのは、国際ビジネスの世界では、自分の意見をはっきり言わなければ相手からの尊敬は得られないということだ。

日本国内で暮らしているときとは違って、相手を怒らせないようにオブラートに包んだ言い方をすることは、美徳でも何でもない。だいいちそんな話し方をしても、相手に伝わらない。かえって気味悪がられるだけである。

一方、プライオリティをつけるのが苦手ということについてだが、これはある意味日本人が〝いい人〟であることの裏返しと言えるのかもしれない。

A、B、Cの選択肢があったときに、そのうちのどれかを選ぶと、そのために犠牲になったり負担が大きくなる人間が必ず出てくるものだ。みんながハッピーになる選択など世の中には存在しない。

誰にも犠牲を強いたくなければ、優先順位をつけないことがいちばんである。そのため日本人はみんなの立場に配慮し、結局何も決めないままに玉虫色の決着で済ませてしまうことが多い。

だが、優先順位をつけ、何に取り組むか決断しなければ、前に進むことは出来ない。いちばん顕著なのが、日本の政治である。農業政策ひとつとっても、さまざまな利害が絡《から》み合ってなかなか決めることが出来ずにいる。そして何も決めないうちに、日本の農業は衰退していく一方になっている。

プライオリティを実行する力が弱いことは、国際ビジネスの舞台においては致命的な弱点となる。

一方、欧米の企業にせよ新興国の企業にせよ、重要な問題については、すぐに優先的に果断に行動する。だから日本企業はいつも一歩後れをとる。そしてさまざまな局面で劣勢に立たされることになるのだ。せっかく優れた技術を持っているにもかかわらずである。

そして最近の日本人を見ていて感じることは、何か大きな問題が起こったときに、責任の所在を明らかにして徹底的に反省するという態度が甘いということだ。

誤解を恐れずに言うならば、日本は、みなに対して優しい、生ぬるい社会になった。日本人に、敗者や失敗した者を思いやる気持ちがあるのはわかる。優しさがあるのは、よさかもしれない。しかし、何かに失敗したり手痛い目に遭ったならば、その原因をしっかり分析し、責任の所在をはっきりさせなければ、次に活かすことが出来ない。

自分たちの弱点については、認識したうえで克服する必要がある。特にプライオリティの問題については、リーダーの責任が重く問われることになる。

これから世界と戦っていくうえで、これらの点はもっと徹底すべきだ。

日本人の弱点

もうひとつ、日本企業が抱えている課題として、キャッチアップ型のビジネスモデルから抜け出せていないという問題がある。

明治維新以降、日本はあらゆる分野において、欧米に追いつき追い越せでやってきた。技術的に大きな差があったから、日本企業は欧米企業の背中を追いかけ、ただ、がむしゃらに走っていればよかった。

ところが、ふと気がつけば、日本企業はいつの間にか欧米企業を追い抜いてフロントランナーになっていた。

もう目標とするべきモデルはいない。市場がどんな商品を求めているか、自分たちはどんな新しい価値を持った商品を提供出来るか、これからは自分たちで考え、道を切り拓いていくことが求められている。

だが日本企業は、その転換がうまく出来なかったように感じる。

フロントランナーとして道を切り拓いていくときに必要となるのは、市場が求めている新しいものを作り出す創造力と、未知のものに果敢にチャレンジしていく冒険心である。

長らく日本国内や先進国を中心にビジネスを展開してきた日本企業は、たとえば新興国等の未知の領域にビジネスを拡大しようとした際に、従来の先進国追随のやり方から脱却出来ずに、いまだ自分たちをうまく変化させることが出来ていない分野が多い。

ピンチを克服出来たとき、日本も日本人も強くなる

従来のやり方にとらわれずに、その国の人々が求めている真のニーズをつかみ、日本企業の持つ高い技術力を持って、ニーズにあった製品をリーズナブルな価格でタイムリーに提供する。それが出来るかが、今後の日本企業の課題のひとつである。

課題を克服したときに、日本も日本企業も日本人も大きな脱皮を遂げ、より強くたくましくなることが出来るはずだ。

かつての日本がそうであったように。

日本はこの一五〇年の間に、二度の国家存亡の危機に直面した。

一度目は幕末から明治維新にかけての時期、二度目は第二次世界大戦での敗戦である。

一九世紀、欧米列強は他の地域と同様に、アジアの国々を次々と侵略し植民地にしていった。日本もその標的となった。

だが日本が植民地化を免れたのは、国民の中に強烈な危機意識があり、はねのける意志と力があったからだ。

一八七一年、欧米主要国の視察を目的とした岩倉使節団が結成された。アメリカやヨーロッパ諸国を回った帰路、岩倉使節団は植民地になっていたアジア諸国にも立ち寄った。

そこで目にした光景は、ヨーロッパ人が人を人とも思わないような傲慢な態度で、現地人を扱っている姿だった。

「もし日本が列強の植民地にされたら、私たちも同じ目に遭うことになる」

その危機感が、日本を近代化へと走らせる動力源となったのである。そして短期間で、列強と肩を並べるところまで国力を増強していった。あのときの日本人の努力と苦労は、大変なものだったはずだ。

また一九四五年の敗戦については、私自身が記憶している。あたり一面みな明日の食事にさえ苦労するほどの貧乏になった。でも誰も意気消沈はしていなかった。私たち家族四人もリュックひとつで満州から日本に帰ってきたが、そこで見たものは、「これからこの国を復興するんだ」という人々の間に溢れていた活力だった。

そして、戦後の日本は努力して高い技術力を育て上げ、それを武器にどん底から這い上がり、経済大国にまで上り詰めていった。

あの二度の危機を乗り切ることが出来た日本が、このまま簡単に沈没することなどあり得ない。私はそう考えている。

「最近の日本人は利己主義になっていて、自己犠牲の美徳が失われつつある」と言う人もいるが、私はそうは思わない。

大義に対しての献身、団体に対する忠誠心、団結心、責任感、そして精神的・体力的なスタミナなど、日本人にはたくさんの長所がある。日本人は一カ月も二カ月も、それから一年も二年も、苦しい条件の中で必死に頑張って努力することが出来る。

これは、企業活動においても、目標に向け努力し続けることで大きな成果につなげるという点で、大きな強みだ。

社会の役に立ち、人を幸せに出来る仕事をすることのほうが、高い給料を得ることよりもずっと大切だという思いを持って働いている人間は、若い人の中にもたくさんいる。

あと必要となるのは、課題を見据えて直視出来る勇気と、それを解決すべく挑戦し、ガチンコで戦う気持ちである。

明治維新や敗戦のあの大変な困難を乗り越えていった先人たちのことを考えれば、私たちが今抱えている困難など、小さなものである。

私はよく、日本人には「三つの向き」が大事だと話す。

「前向き、外向き、上向き」の三つである。

今の日本はどれも逆で、「後ろ向き、内向き、下向き」になって自信喪失気味だ。人も会社も国も、前向き、外向き、上向きに気持ちを変えるようマインドをリセットし、今一度奮起しなければならない。

勇気を持って前進すれば、その先に必ず未来は拓けると私は信じている。

どう生きるか、どう働くか

今、日本人に必要な三つの向き
「前向き」「外向き」「上向き」。

エピローグ　手ごたえのある人生を生きるために
――どんなときでも〝自分の中の無限の可能性〟を信じよ

一九三九年生まれの私は、旧満州国の奉天市《ほうてんし》（現在の中国・瀋陽市《しんようし》）で幼少期を過ごした。当時日本は戦争中であり、終戦を迎えたのも奉天である。

父は軍関係の商売をしていた。終戦に至るまで、私たち家族は豊かな生活を送っていたと思う。父、母、姉、私の四人家族で、使用人も何人か雇っていた。

しかしその暮らしは、一九四五年八月一五日の日本の敗戦とともに一変する。現地人による暴動や、街に入ってきたロシア（ソ連）兵たちによる略奪が繰り返されたからだ。

当時私は六歳になる直前であったが、そのときの光景は今でも鮮明に脳裏に残っている。暴動のときは、父は軍刀を抜いて追い返した。

ロシア兵たちはタンタンタンという乾いた音のする自動小銃を空に向けて撃ってか

ら、家に押し入ってきた。そして「ダワイ、ダワイ！」（早く、早く！）と叫びながら、時計や貴金属といった金目の物を奪いとっていった。完全に無政府状態だった。

母と姉は身の安全を守るために、髪を短く切って男の身なりをした。私たちはロシア兵が家に入ってくるたびに、裏口から逃げたり、地下室に隠れたりした。

私の家では地下室に金品を隠していたが、結局見つかりすべて奪い去られてしまった。

満州から日本に引き揚げたのは終戦から一年後の一九四六年九月のことだったから、その間私たちはいったいどうやって食いつないだのだろうか。日本の地を踏んだときには、着のみ着のままリュックひとつ。何もかも失っての帰国だった。

当時満州で暮らしていた人の中には、私たちよりももっと悲惨な目に遭った人もたくさんいる。

私たちが住んでいた奉天よりもさらに北、満州国とソ連との国境沿いには多くの満蒙開拓移民が暮らしていたが、たくさんの人たちが中ソ国境沿いに取り残されてシベリアに抑留されたり、一〇〇〇キロや一五〇〇キロもの道のりを歩いて引き揚げる途中で病気や飢えのために亡くなっていった。

戦いに負けることがどれだけ悲惨なことか、私は身をもって学んだ。

そのとき私が幼いながらに心の底から感じていたのは、「力なき者は滅びる。生き残っていくためには力が必要だ。自分も力をつけなくてはいけない」という痛切な認識だった。

「真の実力」という剣なしに、いい戦いは出来ない

私たち家族がまだ奉天に留まっていたときのことだ。ある日、父が私を呼び、小さな日本刀を子供用に仕立て直したものを黙って手渡した。

当時父は身を挺《てい》して、略奪を繰り返すロシア兵から私たち家族を守っていた。何が起きるかわからない状況の中で、「もし自分がいなくなったら、私の代わりに今度はおまえが母と姉を守れ」と父は言外に匂わせたのである。この父の教えが、私の人生の原点になっている。

生きるとは戦うことである。戦いには勝たなくてはいけない。勝つことで、自分を守り、家族を守り、国を守らなくてはいけない。力なき者は滅びるのだ。そして勝つ

ためには、真の実力をつけなくてはならない。

そういう思いを私が強く抱くことになったのは、こうした体験があったからだ。

「真の実力」とは何か。それは、何かひとつ優れた能力や技術を体得したからといって身につくわけではない。

その人のパフォーマンスはその人物のシグマ（総和）によって表わされると私は考えている。

単に頭がいいだけではだめだ。マッスル・インテリジェンス、すなわち、野性的な賢さや、へこたれない心、物事を動かす現実的な能力、強い体、自分や現実を見据える勇気、人間の裏面も理解する感性……こうしたトータルな力を磨くことが必要なのだ。

有意義な人生を送るために、そして仕事の成果を最大限に上げようとするなら「人間としての総合力」をつけることが不可欠なのである。

実践的生き方書として

本書は、『魂の経営』（東洋経済新報社刊）に続く、私の二冊目の著書である。『魂の経営』は、富士フイルムの新社長として戦った経営改革の全貌とリーダー哲学を中心に著した。

本著『君は、どう生きるのか』は、特に若い年齢層のビジネスマンに向けて、「どう生きるか、どう働くか」ということを、私の体験の中から培ってきた考え方、日常生活習慣までふまえながら幅広く綴ったものである。実践的生き方書といった位置付けで読んでいただけるかもしれない。

自分について、自分の未来について、また仕事について、自分がどう感じるか、どう考えるか、状況をどう見るか、優先順位をどう決めるか、この一つひとつの選択と決断が、我々の未来を決める。

「今」という時には、あらゆる可能性がつまっている。

だが可能性があるからこそ、迷い、傷つき、へこたれるのが人間である。本章でも述べたが、私も会社に入って数年間は、思うように自分が発揮出来ず、悩んだこともあった。だが、人や本とのいい出合いによって鍛えられ、困難な課題をクリアしていくうちに、自分をもう一段、もう一段と高めていくことが出来た。その上昇スパイラルが人生を有意義なものにしてくれた。

そうした中で実感したことは、心の持ち方ひとつで、人生はガラリと変わっていくということだ。物事に対し前向きに立ち向かい、常に明るいイメージを抱くということが、充実した人生を築き上げるうえで大事なことだということを今一度言っておきたい。

特に若いうちは走りながら考えればいいのだ。電気自動車のように走りながら充電し、充電した電力をまた走ることにつなげる。そうして自分のバッテリー容量を大きくしていくものなのだ。大容量の人間はそれだけ大きな仕事が出来る。

今の日本に目を移すと、日本の産業のポテンシャルは高く、技術力、人材力は、今も世界最強だと思う。ただ、イノベーションを起こして世界市場に打って出てやろうというチャレンジがもっとあってもいい。私自身、そして、富士フイルムは、その先《さき》駆《が》けであり続けたいと思っている。

諸君も明るく前へ進め。

〝無限の可能性が広がる未来〟へ、いざ、自信を持って踏み込め！

健闘を祈る。

古森　重隆

君《きみ》は、どう生《い》きるのか

著　者――古森重隆（こもり・しげたか）

発行者――押鐘太陽

発行所――株式会社三笠書房
〒102-0072 東京都千代田区飯田橋3-3-1
電話：(03)5226-5734（営業部）
　　：(03)5226-5731（編集部）
http://www.mikasashobo.co.jp
印　刷――誠宏印刷

製　本――若林製本工場

編集責任者　本田裕子
ISBN978-4-8379-2519-4 C0030